欧洲人眼中的中国
绵延八百年的文化与知识交流

〔英〕凯瑞·布朗（Kerry Brown） 编著
邓澄儿

全球化智库（CCG） 译

中国出版集团
中译出版社

Copyright © 2022 by World Scientific Publishing Europe Ltd.
All rights reserved. This book, or parts thereof, may not be reproduced in any form or by any means, electronic or mechanical, including photocopying, recording or anyinformation storage and retrieval system now known or to be invented, without writtenpermission from the Publisher.
Simplified Chinese translation arranged with World Scientific Publishing Europe Ltd.
The simplified Chinese translation © 2023 by China Translation & Publishing House

著作权合同登记号：图字 01-2022-5560 号

图书在版编目（CIP）数据

欧洲人眼中的中国：绵延八百年的文化与知识交流 /（英）凯瑞•布朗（Kerry Brown），邓澄儿编著；全球化智库(CCG)译. -- 北京：中译出版社，2023.7
书名原文: China Through European Eyes: 800 Years of Cultural and Intellectual Encounter
ISBN 978-7-5001-7418-9

Ⅰ. ①欧… Ⅱ. ①凯… ②邓… ③全… Ⅲ. ①文化交流－研究－中国、欧洲 Ⅳ. ①G125②G150.5

中国国家版本馆CIP数据核字(2023)第093838号

欧洲人眼中的中国：绵延八百年的文化与知识交流
OUZHOUREN YANZHONG DE ZHONGGUO：MIANYAN BABAINIAN DE WENHUA YU ZHISHI JIAOLIU

出版发行	中译出版社
地　　址	北京市西城区新街口外大街 28 号普天德胜大厦主楼 4 层
电　　话	（010）68359373、68359827（发行部）68357328（编辑部）
邮　　编	100088
电子邮箱	book@ctph.com.cn
网　　址	http://www.ctph.com.cn

出 版 人	乔卫兵
总 策 划	刘永淳
策划编辑	郭宇佳
责任编辑	郭宇佳
文字编辑	马雨晨　邓　薇
营销编辑	徐　也
版权支持	马燕琦

封面设计	潘　峰
排　　版	北京竹页文化传媒有限公司
印　　刷	北京中科印刷有限公司
经　　销	新华书店

规　　格	710 毫米 ×1000 毫米　1/16
印　　张	17
字　　数	190 千字
版　　次	2023 年 7 月第 1 版
印　　次	2023 年 7 月第 1 次

ISBN 978-7-5001-7418-9　定价：88.00 元

版权所有　侵权必究
中译出版社

中文版序

寻找欧洲与中国的
"温故而知新"

在当今地缘政治竞争激烈、新"冷战"阴影挥之不去乃至爆发地区冲突的形势下,凯瑞·布朗教授所著《欧洲人眼中的中国:绵延八百年的文化与知识交流》(*China Through European Eyes: 800 Years of Cultural and Intellectual Encounter*)一书通过回溯过去八百年间欧洲历史人物对于中国的看法,在从历史视角看中国的同时也重新审视现代中国,既充满趣味又引人入胜,更重要的是能帮助全世界的读者弄清楚欧洲与中国关系的历史渊源。

布朗教授认为欧洲人和美国人在西方思维方式中倾向于把中国边缘化,而今日中国正在崛起,西方人却并不习惯于把中国作为一个主要的平等大国来看待。其次,西方人非常执着于他们的信仰,对中国的价值观缺乏了解,要么认为中国的价值观并不重要,要么根本不想去了解;抑或随意地给中国贴"标签",即中国的价值观是有问题的,与西方的价值观有冲突,对西方而言是一种威胁。

布朗教授本人则认为中国的价值观是"混合的"。中国文化和历史中蕴含着从儒家到道家和当代信仰体系等许多不同的伦理、哲学和宗教观点，从而形成了一种非常灵活的世界观，寥寥数语很难解释清楚。出于这种原因，布朗教授希望用欧洲人的视角来帮助西方读者了解中国的历史和文化，加强知识储备，促进对话和求同存异。

这是凯瑞·布朗教授撰写本书的重要初衷。两个本来不应存在误解、致力于推动彼此交流的文明，在一个不确定的时代里，需要更加清晰地互相认识对方。布朗教授在努力促成新的认识，为此，他比很多西方的"中国通"们走得更远，希望从八百年的历史深度中挖掘欧洲与中国的交流过程，从时间的深度中找到当前的答案。

应该说，布朗教授的研究，是对中欧关系研究的重要超越。

笔者和布朗教授认识多年，他最近一次来全球化智库（CCG）是2019年参加CCG和英国皇家智库联合举办的中美欧与全球治理研讨会。布朗教授毕业于全球知名学府剑桥大学，是英国著名的中国问题研究专家，目前担任伦敦国王学院刘氏中国研究院主任。他早在1994年就已来华，曾担任英国驻华使馆外交官，与中国各界人士有过交往，对中国有着较为全面立体客观的认知。2006年以后，他撰写了二十多部关于中国的著作，其中包括《五城记——一个英国人的中国梦》，可谓一位知华、友华且在国际上颇具影响力的中国问题研究专家。他的这本最新研究著作极具特色，梳理了前后八百年间欧洲知名思想家对中国的研究和分析，对我们今天温故而知新有着十分积极的现实意义。

这本著作由CCG翻译，全书共分为五个部分，总计收录十六位欧洲著名人物关于中国观点的著述节选，时间跨度从13世纪马可·波罗来华至20世纪"文化大革命"期间。第一部分"交流源起"收录了马可·波罗、珀切斯、利玛窦对中国的描述；第二部分收录了三位重要的欧洲启蒙思想家莱布尼茨、伏尔泰、孟德斯鸠对中国的观点；第三部分讲述近代约翰·巴罗参加马戛尔尼使团访华观感，黑格尔、马克思对封建时代中国的看法与同情，以及古伯察对中国边疆的考察；第四部分收录马克斯·韦伯、伯特兰·罗素、卡尔·古斯塔夫·荣格对中国信仰、中国问题、中国智慧的研究和认知；第五部分收录毛泽东时代西蒙娜·德·波伏娃、茱莉亚·克里斯蒂娃、罗兰·巴特三人对中国的考察见闻。

这十六位作者在西方影响力巨大，其中八人有赴华考察经历，另外八人——珀切斯、莱布尼茨、伏尔泰、孟德斯鸠、黑格尔、马克思、马克斯·韦伯、卡尔·古斯塔夫·荣格——则通过文献研究来了解和分析中国。布朗教授写下收录这些作者的原因：马可·波罗"为概述过去八百年中，外国人如何看待中国的主题提供了一个很好的起点"；"利玛窦的作品意义重大，因为它表明，在坚持欧洲世界观和视角的同时，深入接触中国的思想和文化是完全可行的，尽管难度很大"；莱布尼茨"敏锐地觉察到了中华文明与欧洲宗教和哲学之间的共性"；伏尔泰坚信"中国是一个兼容并蓄、海纳百川的国家"；约翰·巴罗笔下的马戛尔尼使团访华事件是令中国人不堪回首的"百年屈辱"的始作俑者；黑格尔的思想"深刻地影响了年轻的卡尔·马克思，从而间接地影响了中国迈向现代化并最终走上共产主义道路的可歌可泣的历史"；古伯察的游记让人感受到"一个来自另外一种世界观的欧洲人，在中国人及其生活方式和传统中发现了许多值得钦佩的地方"；韦伯致力于探索"中国人的信仰"；罗素"对中国人民和中国人的精神是无比崇敬的——他认为东方世界和西方世界是平等的，不应被视为一个在文化和政治上存在某种缺陷的地方"；荣格"在无意之中对理解'神秘的''异域的'东方智慧和洞察力做出了贡献"；"文化大革命"期间来华的波伏娃认为"中国已经从曾经那种剥削式的社会经济阶级关系中解脱出来"；克里斯蒂娃认为"新中国在1950年首次承认了中国妇女的合法权利"。

布朗教授认为收集和研究这些重要思想家对中国的观点有助于促进西方认真"倾听中国"，正如他在全书引言结尾处所说："中国的'差异性'往往会引发争议——被假设为一种'他者'，受到的评价也褒贬不一。而本书摘录的作者均能用不同的方式，以现实主义、经验主义、批判主义的态度来审视中国，言之有物且言之有据，从欧洲人或理性人的视角出发探究中国，探究中国人团结一致的力量源泉，探究这个拥有复杂传统和世界观的国家，探究如何更准确公正地看待中国并消除对这个国家的疑虑和不安。在一个为恐华者和亲华者、熊猫拥抱者和屠龙者等对华对立态度所困扰的时代，将不同态度和风格的重要思想家的观点汇聚一处，集百家之言，或许可以为妄下定论的痼疾提供一种解药。"综上所述，笔者认为本书极具出版价值，有助于促进西方人理解世界的多样性，从而对不同文明尤其是中华文明更加包容，进一步促进中欧对话和相互理解。通览全书，本书内容达到了布朗教授的编纂目标，并且关于中国的理解和观点从欧洲著名人物的口中说出更具说服力，可以启发当代西方人更加理性地去认知中国和中华文明，从而在意识形态上展现出更多的包容性。

对中外读者来说，通览全书也具有很深刻的现实意义，可加深对当下中欧关系的理解和认识。中国与欧洲的关系与众不同。这种关系在当下表现为现实上的紧密联系：2021年，中国是欧盟的第一大贸易伙伴，欧盟是中国的第二大贸易伙伴；这一年有1.5万列中欧班列穿行于欧亚大陆；这一年有超过20万中国年轻学子冒着感染新冠病毒的风险，来到欧洲国家开启他们的留学生涯。

2021年，中国和欧洲是存在于欧亚大陆两端的两大巨人，分别是世界上第二大和第三大经济体，两大经济体总人口占全球的四分之一。两个巨人都拥有自己引以为傲的历史，拥有绵延至今的哲学思想。他们彼此相隔遥远，几乎不存在领土之争。双方曾在一起致力于解决这个世界上的难题——21世纪以来双方合作最大的成果之一是欧盟倡议、中国参与促成的2015年联合国应对气候变化《巴黎协定》。双方倡导多边主义，支持自由贸易，而且双方在人类文明上都有过巨大的贡献，这两个巨人理应在一起握手，求同存异，共同应对人类面临的挑战。

从全球化的角度来看，一个看上去生机勃勃、富有活力的欧洲在20世纪90年代和21世纪头十年是全球化生产的最优质产品。欧盟作为凝聚欧洲绝大多数国家的经济和政治联盟，迅速成为全球秩序中的最重要角色之一。随着全球秩序权力结构的演化，世界上逐渐形成了以美国、欧盟和中国为三方的新时代"三国演义"，中国与欧洲有着巨大的共同利益，欧盟与联合国5个常任理事国一起成为国际秩序中重要的平衡力量，是全球化不可或缺的重要组成部分。

然而，尽管在对华关系上力图保持冷静和克制，在2019年3月欧盟委员会发布的《欧盟-中国战略展望》这份重磅文件中，中国还是被定义为既是合作和谈判伙伴又是经济上的竞争者，同时还是体制上的对手。

随着2020年新冠肺炎疫情席卷全球，以及2022年2月俄乌冲突爆发，在欧洲精英和媒体的眼中，中国的伙伴角色在褪色，越发像是一个竞争者和对手，这是需要我们共同来研究和避免的。

受制于研究对象和研究环境的影响，研究这一阶段的中国政治史对许多西方政治学者来说相对比较困难，过于接近的时间容易让人目迷五色。不过比起缺少时间纵深，他们更缺乏足够有效的理论工具。他们的研究可以孤立地解释许多中国的政治现象，但缺少整体的框架——如果这种整体的框架存在的话，也不过是某种历史惯性延续的结果,正如爱德华·萨义德所批判过的"东方学"那样,是一种将东方现象嵌入西方理论的研究套路:用自己的想法,解释他人的行为。

很难说凯瑞·布朗教授的研究是否受到了这种根深蒂固的方式的影响,但他至少意识到了这种思维方式的存在。他在中国和西方游走,经历颇为丰富,从教师变成外交官、商人和学者。这些经历以及他本身所具有的中文修养,无疑赋予了他非同一般的研究能力,让他能够从更加整体和深入的角度来看待中国当代政治。近年来,他更加倾向于从中国历史文化中寻找传统对当代中国政治的影响。应该说,这一视角使其观察角度更加多元化。一个最典型的例子就是,他反对使用"派别"(faction)这种西方常见的专有名词来区别中国高层政治团体。他还意识到中国政治哲学中所包含的复杂成分:既有执政党的马克思主义渊源,亦有中国千年以来儒、道、释三位一体思想留下的各种传统。

这本著作的一大特点是布朗教授将他的方法论进行了延展,将历史投射到中国与欧洲关系的动态发展之中,通过寻找中欧之间互动的传统来解释当前中欧关系存在的重重不解之谜。

从理论上讲,中国和欧洲两大文明历史上的交流在人类文明史中发挥了重要的作用。马克思认为中国的火药帮助西方资产阶级登上了历史舞台,伏尔泰用一个自己想象中的理想中国来启蒙大革命前夜的法国人。很遗憾,他们的观点只反映了欧洲对中国认知积极的一面,而另外消极的一面,则由孟德斯鸠等人来完成。于是,中国的美与丑、善与恶,形成了欧洲对华认知的对立两面。

布朗教授在2022年4月15日与笔者的线上对话中,曾简洁地总结了这段八百年的中欧交流史:

"西方对中国的叙述中始终交织着理想化和妖魔化这两个方向。我认为莱布尼茨和伏尔泰代表了理想化,他们认为中国的儒家精英制度可以成为当时欧洲社会的'另一种选择'。而另一方面，像孟德斯鸠这样的学者则将中国描述为一个东方专制国家，认为欧洲不应该效仿。现在后一种看法在逐渐占据风头，至少在欧洲是这样，在美国和澳大利亚似乎也是如此。"

从这个意义而言，布朗教授梳理近八百年的中欧交往历史文献并予以点评，是在为欧洲认识中国建立一个整体的中国认知框架。建立这一框架的目的，是防止欧洲全面滑向"东方专制国家"认知论。在这一框架中，"知史"，是一种纠偏的方式。布朗教授本人也在一次采访中说道："对欧洲和美国来说，当下最紧迫的任务之一，就是弥补对中国传统文化基础知识的了解不足，这样他们至少知道自己在尝试与谁合作，而非在假想的基础上做事。"

今天，欧洲对中国的批评声浪朝着其政治正确的方向发展，基于前述认知，布朗教授在今天扮演了一个堪称直言不讳的学者角色。他从不讳言欧洲与中国在当下需要的是合作和共存。"即使在对峙愈演愈烈的今天，英国、欧盟、美国和中国之间依然存在一个温和的中间地带……在一些最重要（或许是最重要）的领域，各方还有很大的合作空间，尤其是在气候变化、可持续发展、公共卫生和疫情后经济复苏等领域。在这些领域，中国都是一个重要的合作伙伴——即使只是有合作的潜力而不是现实需要，关键是存在合作可能性。"他在与笔者的对话中如是说。

经历丰富、精力充沛加之直言不讳，让布朗教授成为当前全球媒体十分关注的中国问题专家。正如其在著作《五城记》序言里所述，他"接受过世界上每一家主要新闻媒体的采访"，参加过无数场关于中国话题的论坛、沙龙、学术讨论。笔者是早年间在类似的国际研讨会上结识布朗教授的。CCG强调通过国际合作与对话来增进相互了解，降低冲突和对立的出现。在这个问题上我们彼此的立场相同，加之CCG本身也是一个活跃的国际交流平台，布朗教授与CCG的合作日渐密切，近年来多次参加CCG举办的线上和线下对话，一起与全球知名意见领袖和知识分子交流，推动共识的建立和形成。即将面世的《欧洲人眼中的中国》中文版便是CCG与布朗教授之间合作交流的重要成果之一。

最后，从笔者的认知来看，《欧洲人眼中的中国》一书还有着另外一重深意。文化交流是相互的。从这个角度看，本书也是对我们做欧洲研究的一种鞭策。我们很难像西方知识分子那样编撰出一册置于八百年历史纵深中的《中国人眼中的欧洲》，因为在近代之前，中国几乎没有对欧洲形成比较全面的认识，对欧洲的理解是碎片化的、猎奇式的，有时候甚至来自西方传教士的单方面讲授。近代之后，中国从欧洲引进了大量的科学技术和社科人文思想。这一过程有力地推动了中国的现代化进程。中欧之间的信息流向是单向的——从前从中国流向欧洲，近代以降从欧洲流向中国。这或许导致中国对欧洲迄今怀有两种矛盾的情结，一种是无条件的仰视，另一种是近代历史留下的受害者心理——后者在当前的国际环境下更容易诉诸强烈的民族主义态度。

今天，中国与欧洲之间比任何时候都更需要以平等的视角来相互理解对方，以彼此悠久的文明历史为出发点，寻找双边共存的"温和的中间地带"，温故而知新。要做到这一点，不仅需要布朗教授这样有着对华深刻认识和理解的西方研究者，也需要有对欧洲有着全面、整体认知的中国学者。两者在碰撞、理解和包容的过程当中，共同推动中欧双方关系到达新的高度。

王辉耀　博士、教授、全球化智库（CCG）理事长
苗绿　博士、研究员、全球化智库（CCG）秘书长
2023年5月22日于北京

引　言

欧洲人的中国观
——"亲历者"与"观察者"视角

本书旨在详述近八百年来欧洲人对中国的认识和理解。世界上的其他国家也曾与中国有过交流,这些国家遍及今天的亚洲、非洲和拉丁美洲大陆,它们都拥有着各自悠久的历史和丰厚的文化底蕴。然而,始于 13 世纪的欧洲与中国历代封建王朝乃至今日中国的交流是一段有据可考的重要国际关系,本身便值得探究。此外,这种历史关系还与中国同工业化、现代化的西方国家之间如今重要且更现代的关系密切相关。

还需强调的是,尽管上段开头使用了"中国"一词,但中国不应被视为八百年间中欧关系史中的一个停滞不前、一成不变的实体。这一时期的欧洲疆域方面不断变化,同样,"中国"也在不断改变——经历了元朝(1271—1368)、明朝(1368—1644)、清朝(1636—1912)和现代中国的更迭,每一个时期的中国在本体、地理面积和政治结构上均有所差异。不过,为了方便起见,本书将使用"欧洲"和"中国"这两个含义宽泛的词汇来指代占据了目前分别由欧盟和中华人民共和国所主导的地理空间的两个实体。

大英帝国时期的杰出诗人鲁德亚德·吉卜林在其著名诗作《东西谣曲：吉卜林诗选》中阐述了亚洲与西方（概指工业化的欧洲和美国）之间的巨大鸿沟。该诗的开篇非常直截了当：

> 东方是东方，西方是西方，
> 尾碰不到头，二合不成一，
> 直到那一刻，天地齐出席，
> 神灵做裁决，寰宇订新契。①

但即便伟大如鲁德亚德·吉卜林，也在接下来的几句诗中传递出一种信息，即这种东西方的划分或许毫无意义：

> 除非既无东亦无西，让边界族群和出身，从此不再有意义。
> 两位强者彼此投契，世界尽头前来相认，面对面比肩而立。②

欧洲人对"东方"这个极富神秘色彩的遥远地域的想象和认知是一个值得玩味的话题，它不仅对欧洲，而且对全世界具有重要意义。本书的节选内容证实了另外一个事实——欧洲人认为，中国即"东方"。这些节选内容的作者均是来自欧洲文学、哲学、政治等领域的重要人物；内容囊括了能够表达这些作者的核心中国观的关键文本，或是他们实际接触中国的记录。这些人物曾为西方人了解"东方"做出了重要贡献，而"东方"拥有一套与西方截然不同的社会

---

① 此处采用鲁德亚德·吉卜林（Rudyard Kipling）著，黎幺译《东西谣曲：吉卜林诗选》（*Ballad of East and West*，北京：人民文学出版社，2018年6月）中文译本。——译者注
② 同①。——译者注

引 言

习俗和政治惯例,以及迥然相异的文化和思想传统。正如本书所阐明的那样,探讨欧洲人对中国的理解、与中国的接触和对话的核心在于如何应对这种"差异"感——泛而言之,这种"差异"感可以是发人深省、震撼人心、令人神往的,也可以是咄咄逼人、让人望而生畏、令人生厌的。这种不同态度之间的激烈碰撞一直持续到今天,这就是为何时至今日依然有必要追本溯源的原因。

20世纪70年代,爱德华·萨义德的重要著作《东方学:西方对于东方的观念》[①]甫一问世,便引发了以"东方主义"(Orientalism)为中心的、关于如何理解中国和如何更好地解读中国的差异性与另类感的诸多讨论。有趣的是,萨义德本人很少撰写有关中国的文章——对于他而言,"东方"指当前话语中的中东和中亚,这些地区在欧洲历史、贸易和政治中举足轻重。原因很简单,因为它们在地理上更接近欧洲,与欧洲的一体化程度也更高。因此,与中国、日本和过去被称为"远东"的遥远地区相比,中东和中亚的"另类"显得更为紧密和重要。萨义德在书中提到中国这一更为遥远的国度是如何随着造船技术进步和帝国疆域扩张而逐渐崭露头角的。值得玩味的是,欧洲人关于东方的概念是否符合这些地区的实际情况,抑或是一种主观臆断。

早在两千年前,罗马帝国时期的欧洲大陆和汉朝时期的中国便对这个世界有所认知。约公元150年,克罗狄斯·托勒密[②]在其《地理学》一书中谈及"一片位于小亚细亚腹地,由秦尼国(Sinae)和

---

① 爱德华·萨义德(Edward Said),《东方学:西方对于东方的观念》(*Orientalism:Western Conceptions of the Orient*),1978年。——译者注
② 克罗狄斯·托勒密(Claudius Ptolemy,约公元90—168),希腊数学家、天文学家、地理学家和占星家,著有四本重要著作:《天文学大成》(*Almagest*)、《地理学》(*Geography*)、《天文集》(*Tetrabiblos*)和《光学》(*Optics*)。——译者注

赛里斯国（Serica）占据的未知土地"。① 此前几十年，老普林尼② 便在《博物志》中提到了"塞里斯人"（Seres），"以其产自森林中的羊毛制品（实为丝绸）而闻名"。"塞里斯人举止温和有礼，却像森林中的野兽一样避世而居。他们即便已准备进行交易，也是等待生意上门，而非主动寻找。"③ 在随后的几个世纪里，基督教游历者和商人通过贸易和传教等方式渗透到中国汉朝和唐朝的边疆地区。而中国古代高僧法显法师（332/341—418/423）和其后的玄奘法师（602—664）经过史诗般的取经求法之旅，到达了今天的印度、中亚和东南亚地区，并因此而名垂青史。颇具讽刺意味的是，历史学家们发现，在这个被古代作家斥责为蓄意与世隔绝的国度里留下的关于罗马世界的文字记录，要远多于罗马世界对它的记录。研究中国古代的历史学家李峰曾写道，除了公元2世纪罗马诗人弗洛鲁斯④ 简短隐晦地稍有提及，"罗马文献中没有一篇与中国相关的参考文献"。然而，大汉帝国从公元前206年延续至公元220年（公元9年至23年因王莽新朝统治而中断），几乎与繁盛的罗马帝国同时期并立于世，并且似乎对这个位于世界另一端的辽阔帝国有所耳闻。正如李峰所言，"尽管罗马帝国遥不可及……但中国对它并非一无所知"⑤。"事实上，东汉帝国的正史记录中存在一篇关于罗马帝国的长文，称其为'大秦

---

① 欧文·拉铁摩尔（Owen Lattimore）、埃莉诺·拉铁摩尔（Eleanor Lattimore），《丝绸、香料与帝国：亚洲的"发现"》（Silks, Spices and Empires: Asia Seen Through the Eyes of its Discoverers），伦敦：Tandem 出版社，1973年，第13页。
② 老普林尼（Gaius Plinius Secundus，公元23/24—79），古罗马作家、科学家，以《博物志》（Naturalis Historia）一书留名后世。——译者注
③ 同①，第12页。
④ 弗洛鲁斯（Lucius Annaeus Florus，公元74—150），罗马帝国时期史学家、演说家、诗人。——译者注
⑤ 李峰，《早期中国：社会与文化史》（Early China: A Social and Cultural History），剑桥：剑桥大学出版社，2013年，第279页。

帝国'。"① 因此，几个世纪以来，人们经常抱怨的中国与欧洲之间的知识不对称并非什么新鲜事，因为两千年来一直如此。尽管中国人知道罗马帝国的存在，但直到近代，从中国前往欧洲的人依然很少。事实上，史志记载的第一个到访欧洲的中国人是耶稣会皈依者沈福宗②，他从南京经澳门到达法国、弗兰德斯③和英国，在英期间访问了牛津大学，在那里教授汉语，并用拉丁语与其他学者进行了交流。

在历史上，欧洲人与中国人的真正不同之处在于，基督教的传教工作和宣扬世界观的需求促使他们亲身进入中国这个千里之外世外桃源般的未知世界，并在这里谋求改变。活跃于13世纪中叶的法国方济各会修士罗伯鲁④是最早试图进入蒙古帝国宫廷的欧洲人，他大约在1255年到达帝国首都哈拉和林（Karakorum）。罗伯鲁相比马可·波罗更是一位先行者，直到13世纪末，马可·波罗才因战败被俘，在监狱里向狱友讲述了他在中国的经历，他的描述对"远东"的构想以及对欧洲与中国的联系的认识产生了深远的影响。

* * *

本书是一部兼收并蓄式的作品集，摘录了从13世纪的马可·波罗时代到20世纪70年代与中国有所接触的欧洲人的作品。之所以

---

① 李峰，《早期中国：社会与文化史》（*Early China: A Social and Cultural History*），剑桥：剑桥大学出版社，2013年，第279页。
② 沈福宗（Michael Alphonsius Shen Fu-Tsung, 1657—1691/1692），生于江苏南京，是早期到达欧洲的中国人之一。——译者注
③ Flanders，欧罗巴洲一个古国，包含比利时西部、荷兰西南部、法国北部。——译者注
④ 罗伯鲁（William of Rubruck, 1220—1293），法国佛兰德人，方济各会修士，又译作鲁不鲁乞或鲁布鲁克。——译者注

选择20世纪70年代作为截止时间，是因为此后的中国变得更欢迎欧洲访客，欧洲也对中国人更加开放，这使得双方互动的材料数量大幅增加，不可避免地稀释了任何个人见解的影响。书中十六篇摘录文章的作者大致分为两类：一类人从未踏足中国领土乃至中亚东部地区，另一类人则真正到过中国。马可·波罗、利玛窦、古伯察以及近代人物伯特兰·罗素、西蒙娜·德·波伏娃、茱莉亚·克里斯蒂娃和罗兰·巴特都可以被归类为"亲历者"[①]。而戈特弗里德·威廉·莱布尼茨[②]、伏尔泰[③]、孟德斯鸠[④]、黑格尔[⑤]、卡尔·马克思[⑥]、马克斯·韦伯[⑦]和卡尔·古斯塔夫·荣格[⑧]等人则可被归为"观察者"，因为他们对于中国的了解，要么来自耶稣会士的著作，要么是通过对

[①] 古伯察（Evariste Regis Huc, 1813—1860），法国传教士，曾游历于中国蒙古、西藏地区；伯特兰·罗素（Bertrand Russell, 1872—1970），英国哲学家，曾于1920年10月来华讲授哲学；西蒙娜·德·波伏娃（Simone de Beauvoir, 1908—1986），曾于1955年9月访问中国；茱莉亚·克里斯蒂娃（Julia Kristeva, 1941— ），法国思想家、女性主义者，曾于1974年5月访问中国；罗兰·巴特（Roland Barthes, 1915—1980），曾于1974年4月到访中国。——译者注

[②] 戈特弗里德·威廉·莱布尼茨（Gottfried Wilhelm Leibniz, 1646—1716），德国哲学家、数学家，历史上少见的通才，被誉为17世纪的亚里士多德。——译者注

[③] 伏尔泰（François-Marie Arouet, 1694—1778），法国启蒙运动时期的思想家、文学家、哲学家，他于1752年撰写了《哲学词典》（*Dictionnaire Philosophique*），1753年撰写了《中国孤儿》（*The Orphan of China*），1763年撰写了《论宽容》（*Treatise On Tolerance*）。——译者注

[④] 全名为夏尔-路易·德·塞孔达，拉布列德及孟德斯鸠男爵（Charles-Louis de Secondat, Baron de La Brède et de Montesquieu, 1689—1755），法国启蒙运动时期的思想家、律师，西方国家学说以及法学理论的奠基人。——译者注

[⑤] 格奥尔格·威廉·弗里德里希·黑格尔（Georg Wilhelm Friedrich Hegel, 1770—1831），德国19世纪唯心主义哲学的代表人物之一、德国古典哲学的代表人物之一，其所处时代略晚于康德。——译者注

[⑥] 卡尔·马克思（Karl Marx, 1818—1883），德国思想家、政治学家、哲学家、经济学家、革命理论家、历史学家和社会学家，是马克思主义的创始人之一。——译者注

[⑦] 马克斯·韦伯（Maximilian Karl Emil "Max" Weber, 1864—1920），德国社会学家、历史学家、政治学家、经济学家、哲学家，是现代西方极具影响力的思想家。——译者注

[⑧] 卡尔·古斯塔夫·荣格（Carl Gustav Jung, 1875—1961），瑞士心理学家。——译者注

引 言

当时有关中国的资料的翻译——虽然这种了解是间接的,但并没有减损其重要性,这一点在下文资料中显而易见。对上述所有人而言,无论他们是否真的到过中国,更重要的是他们说了什么,以及他们对中国的想象。这两类人的观点同样正确。例如,马克斯·韦伯关于中国宗教信仰和思想的结论和想法,正如16世纪末至17世纪初,在明朝宫廷里生活了几十年并真正接触儒学的耶稣会士利玛窦的结论和想法一样,引人注目和耐人寻味,尽管他们的出发点不尽相同。马克斯·韦伯是从一个欧洲思想家的立场出发,试图通过探讨中国缺乏统一信仰体系的明显反常现象来思考、丰富和调整他的世界观;利玛窦则是从寻求改变中国信仰和习俗的角度出发。他们均是以不同的方式来应对同一个问题——中国的混杂性。

本书中的大多数引文描述的是关于中国在世界观、信仰和哲学方面与欧洲的显著差异问题,马可·波罗、约翰·巴罗和古伯察则更多地叙述他们的中国之旅本身——尽管其旅行以一种重要的方式捕捉到了西方固守观念与东方权力结构和实践中体现出来的观念之间的冲突。我之所以将马可·波罗的作品收录于本书,是因为它对西方想象东方产生了开创性的影响,乃至于几个世纪之后,塞缪尔·珀切斯①在他的半虚构作品《珀切斯的朝圣之旅》(*Pilgrimage*)中,对元朝大可汗宫廷和皇权行为及文化的描述,依然借鉴了马可·波罗对可汗宫殿的早期描述。这种对历代中国王朝的戏剧性、充满异国情调和幻想的描述风格一直延续到了约翰·巴罗时代,而那时访华的英国人已不再对封建衰落的中国及其古老习俗感到敬畏和欣赏,换了副谴责和批评的神气,尤其是认为中国帝王纳娶众多妃子的做法是一种淫秽行为,既鄙夷又羡慕。随着时间的推移,在

---

① 塞缪尔·珀切斯(Samuel Purchas, 1577—1626),英国圣公会牧师。——译者注

他们的眼中，昔日绚烂夺目和生气勃勃的东方逐渐退化成一个残酷、阴险和注定腐朽的地方。19世纪中叶，古伯察穿越大清国至其边疆地区的旅行尤为值得一提，这段旅程是一位基督教传教士试图理解"他者"文化的迷人尝试，为此古伯察穿上了清朝人的衣服，改头换面（甚至试图用黄色染料来改变肤色！）。更重要的是，他开始用一种理解、同情和包容的态度来审视中国文化。古伯察之所以成为本书的重要人物之一，是因为他的经历生动地展现了完全沉浸于中国的思想观念会对一个外国人的身份认知和价值体系造成何种影响。或许在无意之中，古伯察开始质疑自己的世界观并对其进行了重新定义——这在他晚年招致了来自其天主教同人的抨击。

古伯察的描述还让我们注意到另外一个值得玩味的问题。他所踏足的地方，有着不同寻常的名字和壮美的景观，虽然这个地方大部分位于今天中国的境内，但拥有截然不同的格调。这个地方叫作"鞑靼"（Tartary），一个蒙古人统治的世界，不是现今的中国内蒙古和蒙古国，而是一个正在迎来清朝汉族和其他民族第一波移民浪潮的地方。马可·波罗所游历的中国也是如此，元朝统治之下中国的地缘政治形态与今日中国的截然不同。马可·波罗笔下的某些中国地区——例如苏州和杭州——与其现代形象相差仿佛，而另一些地区则位于现代中国的腹地，在当时却是人迹罕至的蛮荒边疆。从罗兰·巴特的中国之旅中也能发现相似的特点。他对这个国家当时的习俗、社会行为和政治形态等做出的描述，就如同2021年的中国和古伯察笔下的中国那般存在着天壤之别。

* * *

尽管本书涵盖了不同的作家和时代，但他们探讨的其实是同一

引　言

个问题：如何看待中国——这样一个客观存在的国家，同时也是一种文明和文化。对于本书中的一些人而言，无论是对中国有直接的生活体验还是间接接触，这一问题都花费了他们的大半生去探究。利玛窦年轻时便来到澳门，并下定决心再也不回到意大利。在接下来的几十年里，他逐渐向中国北方迁移，直到最后定居于首都北京。当时他所生活的中国是一个一封普通家书都要花费三年时间才能抵达意大利的国家，至于收到回信更是遥遥无期。① 多年的在华生活，让他吸收并掌握了中国的语言和文化，并沉浸其中，也让他来华传教的初衷发生了彻底的改变。虽然他与佛教天然绝缘，但讲求仪式和道德规范的儒家思想显然对他产生了更积极、更强大的影响，让他最初的立场变得尴尬和复杂。

对于另外一些缺乏直接的中国生活经历的人物而言，如哲学家黑格尔，中国更像是某种世界观。这是一个几乎没有个性和自我意识的前现代国家，在历史目的论中处于一个非常特殊的位置，而历史目的论正是这位极具影响力的德国唯心主义者，在其关于世界精神及其发展的叙述中试图说明的一点②。对于"启蒙三巨头"——伏尔泰、孟德斯鸠和莱布尼茨而言，他们本身的思想立场影响了他们从第二手或第三手的资料中理解和认识中国的方式。就伏尔泰来说，在他的著作中表现出的立场是一种对中国深深的钦佩和欣赏。孟德

---

① 利玛窦寄自中国的一些书信被收录于布伦达·戈特绍尔（Brenda Gottschall）、弗朗西斯·T.汉纳菲（Francis T. Hannafey）、西蒙·古永明（Simon G. M. Koo）和詹尼·克里维勒（Gianni Criveller）编写的《利玛窦中国来信（注释及翻译修订版）》(*Matteo Ricci: Letters from China: A Revised Translation with Commentary*，芝加哥：北京中心出版社，2019年）。考虑到通信者之间的遥远距离，这些信件颇令人感慨。
② 黑格尔把历史理解为"理性""精神"的展开和实现。在他看来，"精神"中早已潜伏着世界历史，各个民族的那些伟大历史人物则不过是"世界精神"实现自己目的的"活的工具"。历史目的论是对历史发展因果关系的曲解。在历史发展中并不存在抽象的先定目的。历史是追求着自己目的的人的活动，而人们历史行动的"合目的性"，不过是对历史规律自觉或不自觉的反映。——译者注

斯鸠则持否定和批判态度，认为中国是专制和独裁统治的例证。即便在早期，对中国文化、社会和世界观的态度也已经分为两派，一派对中国充满了溢美之词，另一派则是否定和批评。而戈特弗里德·莱布尼茨则持中立态度，他是一个努力秉持客观的作家，尽管对清初中国的了解有限，但仍然对中国做出了比较客观的评价。

如果连这些作家都可以被划分为"亲华派"和"恐华派"，那么这说明在对华态度上的分歧并非什么现代现象。这种分歧也体现在本书几乎所有作家的作品中。在塞缪尔·珀切斯和约翰·巴罗的笔下，我们看到了一个充满谎言和残酷的中国，而早在马可·波罗对可汗宫廷的深入细致的描述中，出现了专制权力的形象。例如，在巴罗的作品中，中国君主能够行使几乎无限的权力。作为1792—1793年觐见乾隆皇帝的英国访华使团成员，巴罗笔下的帝国人物权倾天下，生杀予夺，令他既印象深刻又震惊不已。鲜有人联想到这是出于英国人的视角，而是他们看到的景象本身便令人非常惊讶且极其负面。[①]

在所有这些讨论的背后，隐藏着这样一个问题：为什么16世纪后的欧洲在军事和科技上如此强大，明清时期的中国却如此落后？英国科学家和汉学家李约瑟[②]堪称是与这一特殊难题最密切相关的学者。他曾经提出过这样一个疑问：为什么一个在过去一千年里缔造出一系列伟大创新并教化欧洲且推动其迈向现代化的国家，最终却错过了工业革命？自7世纪至13世纪，唐（618—907）宋（960—1279）王朝年间，毕昇（990—1051）等中国人已经参与发明

---

① 马戛尔尼使团访华名声大噪，实际上欧洲还有类似的出使，不过没那么引人注目。参见欧阳泰（Tonio Andrade）著《末代使团：1795年荷兰访华与被遗忘的东西方邂逅》（*The Last Embassy: The Dutch Mission of 1795 and the Forgotten History of Western Encounters with China*，普林斯顿：普林斯顿出版社，2021年）。

② 李约瑟（Joseph Needham, 1900—1995），英国人，生物化学家、科学史学家，剑桥大学李约瑟研究所首任所长，所著《中国科学技术史》（*Science and Civilisation in China*）对现代中西文化交流影响深远。——译者注

了磁罗盘、火药和印刷术,比欧洲早了几个世纪。英国作家柯林·罗南曾在李约瑟不朽的著作《中国科学技术史》节略本中写道:"举一个极端的例子,德国天文学家约瑟夫·冯·夫琅禾费在1842年发明了一种特殊的时钟来驱动望远镜,可以让望远镜无视地球自转而持续地跟踪恒星,这使得观测更加方便。"然而,"夫琅禾费不知道的是,尽管中国人没有发明望远镜,但他们早在八个世纪以前就用自己设计的天文仪器做到了这一点。"① 李约瑟在著作中提出的另外一个问题是,欧洲人对东方发明和发现的历史缺乏认识,这是否出于西方历史学家和实践者的无知。

所有这些前尘往事都指出了一个尖锐的问题,即为什么明明拥有丰富的知识遗产,但直到19世纪,中国在材料科学方面的发现还没有像在英国和欧洲那样得到充分利用。为什么中国没有创造出改变生活、颠覆社会的产品,如蒸汽机、电灯泡、照相机和其他发明?无论原因为何,欧洲社会在军事力量、财富生产和日常生活变革方面的明显变化日益削弱了中国学者和中国政治家的信心。随着19世纪的推移,欧洲和中国之间的直接接触加剧了这种状况,垂死挣扎、愚昧落后和因循守旧的清政府只能对欧洲列强的贸易和政治掠夺逆来顺受。对于一个具有深刻优越感的文化来说,这令人深感不安,并造成了一种受迫害和不公正的感受,这种感受在某种程度上一直延续到了21世纪,尽管从2000年以来现代中国的经济和技术进步极大地缓解了这种感受。②

---

① 柯林·罗南(Colin Ronan, 1920—1995),《中国科学技术史简本:李约瑟原文简编》(*The Shorter Science and Civilisation in China: An Abridgement of Joseph Needham's Original Text*),剑桥:剑桥大学出版社,1978年,第75页。
② 关于这一过程的历史可参见余凯思(Klaus Muhlhahn)的《中国的现代化:从大清到习近平》(*Making China Modern: From the Great Qing to Xi Jinping*,马萨诸塞州剑桥:贝尔纳普出版社,2019年)。

＊　＊　＊

这为讲述中国的现代化进程提供了更为广阔的背景,因为现代化起源于欧洲(后来是美国和日本),也是这些精选文本所产生的时期。对于像黑格尔这样的人物而言,中国似乎是一个日薄西山、愚昧落后的国家。但这样一个落后衰弱的国家也激励和鼓舞了其他国家参与中国的现代化和发展。在这场关于中国落后、衰弱和边缘化,作为一个需要被拯救和救赎的国家实体的宏大叙事中,本书中的所有人物都占据了特定的立场。明清中国远不是边缘和偏远的地方,它一直萦绕在欧洲一些核心人物的脑海中,他们觉得有必要弄清楚中国人的信仰为何和为何信仰这一问题。① 可以肯定的是,东西方之间的联系并不突然也不彻底。对于一群在欧洲人数很少但影响力巨大的人来说,中国非常重要,了解中国非常重要。从 16 世纪晚期葡萄牙对澳门的殖民统治,到 17 世纪中期西班牙和荷兰对中国台湾岛的介入,中国成了许多欧洲国家殖民野心和商业企图的发泄地。工业化和科学革命改变了诸多欧洲内务,也从根本上影响了他们看待世界的方式——深入曾经遥远的中国,并获得了梦寐以求的潜在商业和政治机会。因此,到了 18 世纪末,中国在巴黎、伦敦、海牙和里斯本的政界中占据了重要的地位,与其说是有意为之,不如说是出于偶然。欧洲也确实发生了变化,这种变化促使欧洲人重新评估欧洲与这个古老、庞大和陌生的帝国的关系,欧洲开始与这个帝国进行更直接的接触。

---

① 史景迁(Jonathan D. Spence)在《改变中国:西方顾问在中国》(*To Change China: Western Advisers in China*,纽约:小布朗出版社,1969 年)一书中通过 17—20 世纪的具体人物讲述了这一"帮助"使命的历史。

引　言

大分流：
1793年马戛尔尼使团访华的重要意义

近几十年来，关于为什么工业化和经济现代化在欧洲和亚洲，尤其是中国，会走上两条截然不同的道路的辩论日益激烈。在《大分流：中国、欧洲与近代世界经济的形成》一书中，历史学家彭慕兰质疑了欧洲在文化和哲学观方面具有独特之处的流行观点，这意味着欧洲比其他任何国家都更早进行创新和工业化。他写道："几乎没有证据表明西欧经济在19世纪以前就具有决定性的优势，特别是在决定工业化可能性的经济制度的资本存量方面。"[①] "1750年左右的中国和日本的核心地区似乎与西欧最先进的地区不相上下，同样甚至更充分地实现了先进农业、商业和非机械化行业的结合。"[②] 他并没有将欧洲在19世纪取得的巨大成功归因于单一因素，这其中还有更多的社会和文化因素，比如马克斯·韦伯的新教天职观。他也没有诉诸更明显的经济或政治因素，如消费的兴起和个人主义的盛行及欧洲的相关治理模式，相反，彭慕兰关注的是一系列相互关联但又彼此独立的因素，这些因素一部分源于清朝内部对变革和转型的抵制，一部分则造就了欧洲的优势、宽松与灵活。无可辩驳的是，19世纪的清朝似乎处于不可逆转的衰落中，这佐证了本书的观点。从

---

① 彭慕兰（Kenneth Pomeranz），《大分流：中国、欧洲与近代世界经济的形成》（*The Great Divergence: China, Europe and the Making of the Modern World Economy*），普林斯顿和哈佛：普林斯顿大学出版社，2000年，第16页。
② 同①，第17页。

经济总量来看，1820年之前的中国可能一直是世界上最大的单一经济体，然而这种头衔几乎毫无意义，因为清朝经济与英国经济之间存在着巨大的结构性差异。在整个19世纪，中国的城镇化、基础设施和资本形成水平与美国、英国和德国的相去甚远。更不幸的是，由于海军和其他军事力量薄弱，中国根本无法触及和影响欧洲，欧洲却可以轻易地干涉中国。这种力量上的不对称体现在各个领域。到1900年，中国已然赢弱无力到不堪一击。中国的现代化在很大程度上依然只是一种抱负和幻想，还远未成为一种具备广泛社会基础的现实。

由于清朝的衰落和英国即将经历的社会、经济和政治的彻底变革，一些原本隐藏在表面以下的问题随着中英两国的商业和政治接触逐渐浮出水面。英王乔治三世（1738—1820）统治时期的马戛尔尼使团访华充分地暴露了东西方之间的差异。这次出使的结果是，年迈的乾隆皇帝对来访政要进献的工业制品和货物不屑一顾，并斥之为奇技淫巧。但很少有人注意到的是，这次访华任务表明，巨大的文化裂痕导致了全面的沟通失败和误解。马戛尔尼拒绝向皇帝叩头，以及为此而进行的痛苦谈判仍然是访华过程中最著名的插曲之一。但读一读马戛尔尼自己的日记，我们便会发现有大量证据表明，英国人对中国国内的决策模式普遍感到困惑不解和心灰意冷。例如，马戛尔尼在1793年10月13日的一篇文章中发泄了自己的不满：

> 我们该如何理解中国政府对待我方态度的前后不一？他们以最高的荣誉迎接我们，向我们展示一切外在的恩惠和尊重，派首席大臣亲自陪同我们游览宫殿和花园；用他们最精彩的娱乐活动来款待我们，称颂我们的使团，赞扬我们的行为，毫不吝啬溢美之词。然而，仅仅几个月之后，他们却突

引　言

然终止了我们的访华之旅，直言不讳、毫无礼貌地拒绝了我们的要求，仓促地命令我们离开，极不耐烦地将我们扫地出门，而沿途之中我们又受到了更刻意的关注、更明显的特殊优待和更多的自由。如果可以的话，我必须解开这个谜团。或许他们不愿意屈尊纡贵，只是羞于承认；也或许他们已经意识到了自己的错误，并希望做出一些补偿。①

自那之后的几十年里，马戛尔尼脑海中的困惑经久不散。

虽然马戛尔尼使团访华成效有限，但在半个世纪之后，大清国第一次领教了西方列强的军事力量。时至今日，1840年爆发的第一次鸦片战争依然是中国人挥之不去的痛，并被视为之后一系列苦难的开始；而在外国人看来，第一次鸦片战争爆发的原因和意义更加复杂和令人困惑。②从中国共产党的史学观看来，英国打败中国的力量源泉并不是道德，也不是智慧，只是因为他们拥有足够的坚船利炮来执行自己的意志。这场百年屈辱，直到今天依然在中国人的脑海里留下了灼热的记忆烙印。这或许正是当代中国人殚精竭虑、矢志不渝，试图摆脱那段被人蹂躏和饱受屈辱的历史的原因。

无论是官方的国内叙述，还是一些更耸人听闻的外部叙述，都未能反映出清朝衰落和民国混乱的诸多复杂细节和原因。即使对局外人而言，这一时期的中国也不是一个可以轻易草率定论的实体。

---

① J. L. 克莱默-宾（J. L. Cranmer-Byng）编，《乾隆年间访华大使马戛尔尼勋爵的日记（1793—1794）》(*An Embassy to China: Being the Journal Kept by Lord Macartney During his Embassy to the Emperor Ch'ien-lung 1793–1794*)，伦敦：朗文出版社，1962年，第164页。

② 当代中国历史学家茅海建在《天朝的崩溃：鸦片战争再研究》(*The Qing Empire and the Opium War: The Collapse of the Heavenly Dynasty*) 一书中提出了更为复杂的原因，该书由约瑟夫·劳森（Joseph Lawson）等编辑，剑桥：剑桥大学出版，2016年。

一个生动的例子是传教士古伯察和秦噶哔①在1844—1846年（即第一次鸦片战争后的几年间）的长篇游记。英国人强迫清廷割让香港岛部分地区——当时的香港岛只是一个荒凉岛屿，除战略和后勤意义外别无用途，并继续进行鸦片贸易，这堪与21世纪初美国鸦片危机的破坏性社会影响相提并论。古伯察和秦噶哔目睹的中国更像是一个由清王朝管理的帝国，清王朝的语言、信仰和文化与占人口大多数的汉族人的迥然相异，还有相当多的人认为汉族人受到了作为异族的清王朝统治者的压迫，尽管满汉基本上已经同化。他们在游记中写道："满洲的衰落，或者更确切地说是灭亡的速度现在更甚以往。"②他们横跨中国之旅展现了一个地理、文化和族裔多样化的中国，人民贫富差距悬殊，有人一贫如洗，也有人富可敌国。虽然他们在中国的时间并不长，却依然感知到了波谲云诡、分崩离析、软弱无能和暗流涌动的迹象。这些都说明了当时的清政府不仅面临外患，也存在着内忧。

短期之内，清朝的内部局势必然更加动荡。1850—1864年的太平天国运动就是个典型例子。大约有两千万人死于战乱。虽然太平天国运动并没有推翻清政府，但进一步加剧了清朝封建统治的系统性衰落，半个世纪以后，清朝政权最终覆灭。然而，对局外人来说，即使到今天，太平天国运动仍然是一个扑朔迷离的事件。太平天国运动在洪秀全（1814—1864）的带领下爆发，本质上可以归为农民起义，但也具有半宗教、救世主义运动的特征。洪秀全声称他是耶稣基督的兄弟，为证明自己的血统，他将政权命名为"太平天国"并定都天京（南京），最终疑遭人毒害。在这场运动中，尽管其

---

① 秦噶哔（Joseph Gabet，1808—1853），法国传教士。——译者注
② 古伯察、秦噶哔，《鞑靼西藏旅行记》第1卷（*Travels in Tartary, Thibet and China 1844-1846*, Vol. 1)，纽约：多佛出版社，1987年，第122页。

主要领袖信仰虔诚,但对中国而言,这依然是一场内战。①1856—1860 年第二次鸦片战争的爆发越发加剧了这场战争对清朝的负面影响,这场战争导致清政府被迫签订《天津条约》,并向西方列强开放更多通商口岸和租界。《天津条约》是最臭名昭著的不平等条约之一,英国人在香港攫取了更多的领土,之后便是圆明园在 1860 年遭劫,清政府付出了更多的战争赔款。正是在这种背景下,当时旅居于伦敦的卡尔·马克思在《纽约每日论坛报》(New-York Daily Tribune)上发表了一系列抨击大英帝国倒行逆施的精彩文章。极具讽刺意味的是,马克思在该报上发表的其他文章中没有系统地论及中国,那时他的注意力主要集中在他认为即将发生无产阶级革命的英国和欧洲。

中国现代化的见证者

16 世纪和 17 世纪的耶稣会士一直专注于研究中国人信仰什么,以及如何以更有利于基督教的方式改变这种信仰。即使在 19 世纪中期中国与西方现代化的激烈碰撞过程中,这个问题也依然存在。作为一个衰落的古老帝国,大清国将如何被外部世界改造和塑造,这是一个宏大的主题。各国传教士们蜂拥而至,其中一些人在 1900 年的义和团运动中遭遇不幸,还有一些人致力于研究中国语言和文

---

① 关于洪秀全和太平天国起义的总体情况,请参见史景迁所著《太平天国》(God's Chinese Son: The Taiping Heavenly Kingdom of Hong Xiuquan,纽约:W.W. 诺顿出版社,1996 年)和裴士锋所著《天国之秋》(Autumn in the Heavenly Kingdom: China, the West, and the Epic Story of the Taiping Civil War,纽约和伦敦:兰登书屋,2012 年)。

化——如理雅各①，他于1876年成为英国牛津大学的第一位中文系教授，但在此之前，他在香港担任传教士。理雅各后来出版了一些最早的孔孟经典著作的英文译本。威妥玛②是一位外交家，他于1888年结束了在中国的长期职业生涯，被任命为英国剑桥大学第一任中文教授，他的主要贡献是为外国学习者编写了一本重要的汉语教科书③，其中使用了一种音译系统，能够使非母语者听懂汉语普通话。这种对中国和中国文化的挖掘并不仅限于英国。事实上，最早的汉学教席是1814年在法国巴黎的法兰西学院设立的，由雷慕沙④担任教授。即便如此，汉学还是一个冷门且充满异域气息的学术活动领域，主流思想家往往专注于欧洲或美国事务。这也是现代社会学之父马克斯·韦伯对中国宗教的研究之所以如此重要的原因。

韦伯对中国人信仰体系的分析极具感染力和洞察力。本书从他的著作《中国的宗教：儒教与道教》(*The Religion of China: Confucianism and Taoism*，以下简称《中国的宗教》)中作节选，这本著作还同时探讨了印度宗教，包含了韦伯对政治权力运作、宗教社会学、官僚机构和领袖魅力作用的全面思考。根据手头的资料，他发现中国存在一种与西方明显不同的世界观，这种世界观能够在完全不同的框架内发挥作用，并不追求某种终极的将万事万物联系在一起的"绝对"。韦伯对此进行了客观的描述，但并未做出判断。他并不是站在一个传教士的立场上，试图让中国人在宗教信仰上与其他

---

① 理雅各（James Legge, 1815—1897），英国汉学家，首位系统研究、翻译中国古代经典的人，1861—1886年的二十五年间将四书五经等中国主要典籍全部译出，共计二十八卷。——译者注
② 威妥玛（Sir Thomas Wade, 1818—1895），英国外交官、汉学家，威妥玛拼音法的发明者。——译者注
③ 指《语言自迩集》(*Yu-yen Tzu-erh Chi*)。——译者注
④ 雷慕沙（Jean-Pierre Abel-Rémusat, 1788—1832），法国近代著名汉学家。——译者注

国家保持一致。中国哲学术语中存在本真的道德思维模式，但没有原罪的概念，甚至没有来世惩罚的概念，这也引起了他的注意。所有这些观察结果在某种程度上也预示了19世纪后期其他社会学家和人类学家的发现。伯特兰·罗素是一位伟大的逻辑学家和数学哲学家，大约在韦伯撰写《中国的宗教》一书时，罗素已经在中国生活了九个月。他对中国的智慧和洞察力的那种敏锐理解，至今读来仍有裨益。这在一定程度上是因为现在再读他的作品，人们知道了他对中国发展方向的预测是对是错。广义而言，关于列宁主义的影响，他的预测是完全错误的。然而，关于中国人接受外来思想并将其本土化的能力，他的判断总体上是正确的。从他的作品中，人们至少可以学习到一种对中国的开明态度，以及承认西方可以借鉴中国世界观的坦诚。罗素最具洞察力的观点是认为越来越多的欧洲人和美国人会前往中国，要么是为了贸易和盈利，要么是为了解决他们所认为的中国问题，要么是为了改变中国人的世界观，但所有这些都不是建立在中国自愿的基础上。彼时的罗素正被与第一任妻子分居离婚的丑闻弄得心烦意乱，因此当他说欧洲人是优秀的老师却是糟糕的学生时，可能抱有个人情绪。

在20世纪三四十年代的动荡时期，许多外国作家和思想家都向中国投去了目光。美国作家艾格尼丝·史沫特莱[①]和20世纪30年代确立毛泽东领导地位前第一位有机会采访他的西方记者——美国记者埃德加·斯诺[②]——是其中最具同情心和献身精神的两位外国人。爱尔兰剧作家萧伯纳[③]于20世纪30年代访问中国，而英裔美国诗人

[①] 艾格尼丝·史沫特莱（Agnes Smedley, 1892—1950），美国记者、作家、社会活动家。——译者注
[②] 埃德加·斯诺（Edgar Snow, 1905—1972），美国记者、作家。——译者注
[③] 萧伯纳（George Bernard Shaw, 1856—1959），爱尔兰剧作家、评论家。——译者注

威斯坦·休·奥登和英裔美国作家克里斯托弗·伊舍伍德也于1939年开始游历正在经历战争阵痛的中国。[①] 英国伟大诗人和批评家威廉·燕卜荪[②] 曾在20世纪30年代中期和40年代常驻北京。虽然他们撰写了很多关于中国之旅的诗歌和文章，但本书并没有摘录，因为与卡尔·古斯塔夫·荣格相比，他们的作品缺乏系统性。荣格从未踏足中国，但他的作品显然受到了中国翻译文本的深刻影响和塑造，如《易经》，他试图解决一个核心问题，即中国人的世界观是什么，以及它与欧洲人的世界观有什么关系。是否对中国文化和智慧进行了综合性阐述是本书选择摘录内容的关键。本书选择的这一时期的作家要么是法国人，要么是诸如茱莉亚·克里斯蒂娃这种加入了法国籍的外国人，在某种意义上讲，他们均属于20世纪50—70年代对法国产生深刻影响的左翼政治运动的参与者。

西蒙娜·德·波伏娃、罗兰·巴特和茱莉亚·克里斯蒂娃这三位作家在写作风格和主题上有明显差异。然而，他们探讨中国的背景与之前的相比发生了明显变化。突然间，来自中国的思想和信仰开始更广泛地传播到外部世界。蓝诗玲在其著名的《毛泽东思想全球史》[③] 一书中借助大量证据描述了在中国政府的大力支持下，毛泽东思想，即中国化的马克思列宁主义是如何在拉丁美洲、非洲甚至欧洲和美国等遥远国度广为流传。

然而，更为有趣的是，毛泽东思想感染了法国的知识精英。理

---

① 威斯坦·休·奥登（W. H. Auden, 1907—1973）、克里斯托弗·伊舍伍德（Christopher Isherwood, 1904—1986），《战地行纪》（*Journey to a War*），伦敦：费伯－费伯出版社，1939年。
② 威廉·燕卜荪（William Empson, 1906—1984），英国文学批评家、诗人。——译者注
③ 蓝诗玲（Julia Lovell, 1975—），英国汉学家、翻译家，著有《毛泽东思想全球史》（*Maoism: A Global History*），伦敦：兰登书屋，2019年。——译者注

引　言

查德·沃林①在《东风吹：法国知识分子、"文化大革命"和20世纪60年代的遗产》一书中对此进行了详细描述。正如后文摘录所示，法国作家让-保罗·萨特②和西蒙娜·德·波伏娃对法国知识分子支持正在进行的中国社会实验的行为表示钦佩和认可。不可否认，波伏娃叙述的背景是20世纪50年代中期，即在一系列令人痛心的争议性事件频发的那段时间。即便如此，她批评的目标显然不是中国，而是那些批评中国的人。

罗兰·巴特是本书摘录作者中的一个异类。他的作品多以片段式随笔的方式写就，透露着一种对新事物懵懵懂懂的素净气息。他在1974年访华后得出的结论对中国而言并不友好。但从本书的摘录中，我们可以体味到中国给他带来的丰富思想、情感和感受。至于罗兰·巴特中国之旅的同行者克里斯蒂娃，正如本书摘录内容所示，她的祖国保加利亚也曾实行过共产主义制度，因此她更能够感同身受。克里斯蒂娃一直深受共产主义思想的熏陶，直到20世纪60年代中期离开保加利亚前往法国巴黎。她的著作主要以女权主义为核心，因此也比较关注女性在中国社会中的作用。无论她的论断是什么，其作品最引人注目的一点是：它确实说明克里斯蒂娃对中国文学、文化和社会知识如数家珍。她对中国的了解并非流于表面，而是将其对中国的所见所闻内化于心，并能够以一种春风化雨、平易近人的方式表达自己的思想。在她的作品中，几乎看不到"中国、异国和他者"这样的字眼。

---

① 理查德·沃林（Richard Wolin，1952—），美国著名政治思想史家、国际知名左翼学者，著有《东风吹：法国知识分子、文化大革命和20世纪60年代的遗产》（*The Wind from the East: French Intellectuals, the Cultural Revolution, and the Legacy of the 1960s*），新泽西：普林斯顿大学出版社，2010年再版。——译者注

② 让-保罗·萨特（Jean-Paul Sartre，1905—1980），法国哲学家、文学家、社会活动者。——译者注

本书宗旨

与过去的四个世纪一样，21世纪的世界依然深陷于"文明的冲突"。现代中国，虽然其价值观、历史和哲学原则仍然具有混杂性，但与本书摘录内容的作者们笔下的中国并不相同，原因很简单：现在的中国在经济、军事和物质上比以往任何时候都要强大。无论喜欢与否，现在的中国有能力通过投资、贸易、旅游以及通过应对新冠肺炎疫情等公共卫生问题向全世界展示其影响力，这一点，全世界在2020—2021年间都了解到了。对于本书中的大多数作者来说，思考和参与他们那个时代的中国问题是一种行为选择，而对于21世纪的人们来说，这是一种必要。中国，已成为一个无法回避的存在。

因此，长远来看，中国人世界观的混杂性，中国与欧洲的异同以及中国在西方想象中的表现方式，都是值得探讨的问题。本书汇聚了八百多年来欧洲重要思想家根据直接或间接经验对中国传统智慧的理解和阐述。需要强调的是，本书摘录标准颇高。实际上，还有许多外国作家撰写过关于中国的文章，他们要么以传教士或外交官的身份在中国工作过，要么在自己的作品中提到过中国。诸如艾格尼丝·史沫特莱、伊莎白·柯鲁克①和埃德加·斯诺都是其中的代表性人物。显而易见，北美作家在这个群体中占据了主导地位，然而具有讽刺意味的是，1949年之后，美国和中国之间开始出现巨大

---

① 伊莎白·柯鲁克（Isabel Crook, 1915—），加拿大人，著名国际友人，国际共产主义战士。——译者注

分歧。这些北美作家的作品曾帮助全世界了解中国的真相，尤其是在甲午战争之前的中国。但是，他们对自己所寻求的中国革命往往采取了一种非常具体的立场，深度参与其中乃至发挥重要作用。这不禁让人想起了几个世纪前来到中国的耶稣会教士，这两者之间最关键的区别在于前者对正在开展的中国革命的深切同情，以及对共产党人事业的真诚而超越党派之争的坚定支持。这种更现代的资料成为接触文学中的一种独立体裁，但本书旨在阐述更为久远的、以欧洲为中心的观点，因此不宜收录。艾格尼丝·史沫特莱和伊莎白·柯鲁克（2021 年 106 岁高龄的她依然康健）的作品是关于中国本身，而本书则是关于欧洲人对中国的看法和理解，这是两个不同的问题——尽管本书中的许多作者确实渴望理解中国本身，但是他们的作品更具吸引力，因为他们道出了编者的心声，并且不仅仅以中国为中心。

关于书中作者的性别问题。本书摘录的十六篇文章中，只有两篇出自女性作者的手笔。很早以前便有关注亚洲事务的作家，如伟大的博物学家和探险家伊莎贝拉·伯德[①]曾于 1897 年出版了一部关于长江之旅的著作[②]。这部作品主要关注中国本土动植物，而她更著名的作品则是关于中东和朝鲜。一个残酷的事实是，直到近代，欧洲的知识和政治生活完全由男性主导，这便是本书中作者性别严重失衡的原因。在 20 世纪，这种失衡的情况已经开始改善，尽管速度还不够快。而从 20 世纪 80 年代初开始，男女失衡现象有很大改观，更多欧洲女性作家开始涌现。

---

① 伊莎贝拉·伯德（Isabella Bird, 1831—1904），英国著名探险家、作家、摄影师和博物学家。——译者注
② 指《伊莎贝拉·伯德：中国影像之旅（1894—1896）》(*Isabella Bird: A Photographic Journal of Travels Through China 1894–1896*)。——译者注

总有一些人认为，中国是一个应该受到批评和道德谴责的地方，一个腐朽、残酷和专制的国家。而对另外一些人来说，中国一直是希望所在，因为它提供了另外一种视角，另外一条人类发展的路径，另外一种完全不同的思维方式，也提供了一种跳脱出试图规范一切的秩序框架约束的可能。中国的"差异性"往往会引发争议——被假设为一种"他者"，受到的评价也褒贬不一。而本书摘录的作者均能用不同的方式，以现实主义、经验主义、批判主义的态度来审视中国，言之有物且言之有据，从欧洲人或理性人的视角出发探究中国，探究中国人团结一致的力量源泉，探究这个拥有复杂传统和世界观的国家，探究如何更准确公正地看待中国并消除对这个国家的疑虑和不安。在一个为恐华者和亲华者、熊猫拥抱者和屠龙者等对华对立态度所困扰的时代，将不同态度和风格的重要思想家的观点汇聚一处，集百家之言，或许可以为妄下定论的痼疾提供一种解药。过去的中国曾经让莱布尼茨、黑格尔和韦伯等杰出人士迷惑不解、求知若渴，现在的中国依然令人神往、发人深省，甚至让某些人咬牙切齿。而这种对华态度的混乱短期之内似乎仍将持续。

凯瑞·布朗
英国坎特伯雷
2021 年

【编辑札记】

编者尽可能使用汉语拼音代替其他形式的音译，譬如将 Mao Tse-tung（毛泽东）修改为 Mao Zedong，将 "Peking" 替换为 "Beijing"。根据版权商的要求，除了对西蒙娜·德·波伏娃的文章略做修改之外，其余文章均系原文摘录。此外，编者使用了英式拼写而非美式拼写。对于一些年代久远的文本，编者酌情进行了一些轻微幅度的修改，以使一些拼写或表达方式更加贴近现代风格。引文之间以［……］间隔。

目　录
CONTENTS

第一部分　交流源起 ……001

　　1　可汗的宫殿：马可·波罗 ……003

　　2　中国想象：塞缪尔·珀切斯 ……013

　　3　宗教接触：利玛窦 ……023

第二部分　启蒙时代的观点 ……029

　　4　儒家文明：戈特弗里德·威廉·莱布尼茨 ……031

　　5　仰慕中国哲学：伏尔泰 ……045

　　6　专制帝国：孟德斯鸠 ……059

第三部分　近代文化接触 ……071

　　7　1792—1794年马戛尔尼使团访华：约翰·巴罗 ……075

　　8　历史辩证法：格奥尔格·黑格尔 ……091

　　9　对帝国的同情：卡尔·马克思 ……105

　　10　边疆际遇：古伯察 ……123

第四部分	现代人的中国之问	*143*
11	中国人的信仰：马克斯·韦伯	*145*
12	中国问题：伯特兰·罗素	*161*
13	现代欧洲人的中国智慧：卡尔·古斯塔夫·荣格	*175*

第五部分	寻求变革：毛泽东时代的中国	*193*
14	社会主义大团结：西蒙娜·德·波伏娃	*195*
15	女性主义在中国：茱莉亚·克里斯蒂娃	*205*
16	同行者：罗兰·巴特	*215*

致　　谢	*227*
翻译说明	*229*

第一部分

交流源起

欧洲人到访中国的历史并没有确切的起点，自古代封建王朝时期便存在直接或间接的接触，但就其中国之行所产生的后续影响而言，马可·波罗的作品无疑是一个理所当然的起点。他的中国之行具有承前启后的重要意义。他在欧洲的监狱里向狱友讲述的故事[①]及在他去世后据此编纂成册的《马可·波罗游记》几乎具有神话般的地位。他的故事象征着一个遥远的世界，一个令人敬畏、迥然相异而又十分陌生的世界，但也是一个充满机遇、遍地黄金的世界，是冒险家的乐园。《马可·波罗游记》里的中国似乎正处于一个歌舞升平的时代，其内容具备历险故事的典型模式和结构，描述了一个在物理实体上、智慧上和文化上都无法企及的地方。

虽然马可·波罗到访中国的根本动机是商业和贸易，但在三个世纪的时间里，欧洲与中国之间出现了另外一种联系——欧洲人不再将中国视为商品和潜在利润的来源，而是作为灵魂和皈依者的来源。耶稣会士是近代文化和知识桥梁的伟大构建者，虽然其努力的结果一言难尽，但他们至少通过审视中国这个全新的国度经历了思想上的深刻洗礼和省思。他们原本是来改变中国的，可当时中国似乎正在改变他们。因此，这次传教的结局无法一言以蔽之。

除了通过贸易往来、精神交流和传播宗教的方式之外，还存在着另外一种了解中国的方式——纯粹通过想象来描绘中国。英国作家塞缪尔·珀切斯充满奇谈怪语的《珀切斯的朝圣之旅》便是典型例证，这是一部纯东方主义的早期杰作，作者以坚定的口吻描绘了一幅想象之中的场景，虽然他只去过英国东部的苏塞克斯海岸而从未踏足中国。贸易、传教和想象：这就是欧洲和中国之间交流伊始便存在的三个显著特征。

---

① 1296年，马可·波罗参加了威尼斯与热那亚的战争，不幸被俘。在狱中，他讲述游历东方时的见闻，引起了热那亚人的极大兴趣，因而受到了优待。同狱的小说家鲁斯提切诺把马可·波罗口述的内容记录了下来，编纂成书，由此《马可·波罗游记》问世。——译者注

1

可汗的宫殿：马可·波罗

意大利商人马可·波罗（1254—1324）并非第一个造访疆域囊括现代中国大部地区的元帝国并为其留下文字记录的欧洲人。据说，他在13世纪末入狱期间向一名狱友讲述了他在中国的旅行经历，这名狱友随后将其记录下来，在接下来的几个世纪里，他的中国见闻对中国人和非中国人的想象力都产生了巨大的影响。直到今天，外国的许多酒吧、旅行社，甚至智囊团，都打着威尼斯探险家的名号。当然，马可·波罗创造的神话也招致了怀疑，一些人甚至置疑他是否真的去过中国，或者他讲述的故事是否属于捏造。

即便他没有去过中国，即便他描述的忽必烈宫廷景象并不真实，无可争辩的是，他的故事确实塑造和影响了后人对中国的看法。这些看法并非如传说般的《马可·波罗游记》，它们更加真实。从本质而言，这些看法都刻画或支撑了一个强大而威严的元帝国的形象。

正如当代学者卜正民①所言，就创造"伟大中国"神话的贡献而言，元朝无疑是一个开创性的时期，尽管它只延续了一个世纪。

无论人们对《马可·波罗游记》的真实性或其他方面持何种态度，游记的内容一定是有所依据的，因为它确实提到了一些具体的地方、人物和现象。游记是从一个13世纪欧洲人的视角和世界观出发来描述的。无论是真实还是想象，马可·波罗都用自己的双眼观察到了一些至今仍然存在的地方，尽管有些地方已经破败不堪，有些地方已经完全改头换面。其中，最令人难忘的一个地点是成吉思汗的孙子忽必烈所居住的元朝陪都上都，位于今内蒙古自治区锡林郭勒盟正蓝旗境内。游记中描述的辉煌园林和宏伟建筑今天已残存无几，只剩下一些断壁残垣和象征着城池外墙的土墩，湮灭在辽阔的草原之中。尽管如此，它仍是一个令人回味的地方，不仅在中国，而且在英国文学（如柯勒律治那余音绕梁的诗文《忽必烈汗》）②，甚至在流行电影文化（如澳大利亚歌手奥莉维亚·纽顿－约翰于1980年参演的奇幻电影《仙那度的狂热》）③中都有所体现。

本书的第一篇节选即关于邂逅"仙那度"（元上都）。这部作品可谓经典，记录了中世纪早期的欧洲人是如何从自身文化、社会和知识背景出发，去观察、描述和解读呈现在他们眼前的中国。而在此之前，他们必须历尽艰辛，跋山涉水，花费数年时间才能来到这个国家，之后还需要花费一定时日来克服水土不服。即便如此，在近八百年之后，我们依然能从这些游历者的文字当中感受到中国给

---

① 卜正民（Timothy Brook, 1951— ），加拿大中国史学家。——译者注
② 塞缪尔·泰勒·柯勒律治（Samuel Taylor Coleridge, 1772—1834），英国诗人、文评家。——译者注
③ "仙那度"（Xanadu）是西方文化中对元上都的称呼，奥莉维亚·纽顿－约翰（Olivia Newton-John）在《仙那度的狂热》（Xanadu）中饰演一位希腊缪斯，化身为迪斯科女神，协助建立了一家旱冰夜总会。——译者注

他们留下的震撼印象和深刻影响。在许多方面,虽然这部作品绝对算不上关于欧洲和"亚洲其他国家"交流的最早叙述,但它一定是有史以来最具影响力的著作之一,并为概述过去八百年间外国人如何看待中国的主题提供了一个很好的起点。

节选自《马可波罗行记》①

从上述之城首途，向北方及东北方间骑行三日，终抵一城，名曰上都②，现在在位大汗③之所建也。内有一大理石官殿，甚美，其房舍内皆涂金，绘种种鸟兽花木，工巧之极，技术之佳，见之足以娱人心目。

此宫有墙垣环之，广袤十六哩，内有泉渠川流草原甚多。亦见有种种野兽，惟无猛兽，是盖君主用以供给笼中海青、鹰隼之食者也。海青之数二百有余，鹰隼之数尚未计焉。汗每周亲往视笼中之禽，有时骑一马，置一豹于鞍后。若见欲捕之兽，则遣豹往取，取得之后，以供笼中禽鸟之食，汗盖以此为乐也。

此草原中尚有别一宫殿，纯以竹茎结之，内涂以金，装饰颇为工巧。宫顶之茎，上涂以漆，涂之甚密，雨水不能腐之。茎粗三掌，长十或十五掌，逐节断之。此宫盖用此种竹茎结成。竹之为用不仅此也，尚可作屋顶及其他不少功用。此宫建筑之善，结成或拆卸，为时甚短，可以完全拆成散片，运之他所，

---

① 节选部分参考［法］沙海昂（Antoine Henry Joseph Charignon）注，冯承钧译《马可波罗行记》(*The Travels of Marco Polo*，上海：上海古籍出版社，2014年)中文译本：第136—140页"第七四章　上都戏"（第一卷）、第143页"第七五章　大汗忽必烈之伟业"（第二卷）、第144—145页"第七六章　大汗征讨诸父乃颜之大战"（第二卷）、第157—158页"第八一章　大汗之体貌凤仪"（第二卷）、第175—178页"第八五章　名曰怯薛歹之禁卫一万二千骑"。——译者注

② 上都，又称元上都，是忽必烈的夏季行宫，其冬季行宫位于今中国北京。如今它已成为一片废墟，位于今中国内蒙古自治区锡林郭勒盟正蓝旗。

③ 元朝皇帝忽必烈（1215—1294），1260年即位，1294年驾崩。

第一部分　交流源起

惟汗所命。给成时则用丝绳二百余系之。

　　汗在此草原中，或居大理石宫，或居竹宫，每年三阅月，即六月、七月、八月是已。居此三月者，盖其地天时不甚炎热而颇清凉也。迨至每年八月二十八日，则离此他适。君等应知汗有一大马群，马皆牝马，其色纯白，无他杂色，为数逾万。汗①与其族皆饮此类牝马之乳，他人不得饮之。惟有一部落，因前此立有战功，大汗奖之，许饮此马乳，与皇族同。此部落人名称曰火里牙惕（Horiad）。

　　此种牝马经行某地，贵人见之者，不论其地位如何高贵，须让马行。否则绕道半日程以避之。盖无人敢近此马，见之宜行大礼。每年八月二十八日，大汗离此地时，尽取此类牝马之乳，洒之地上。缘其星者及偶像教徒曾有言曰，每年八月二十八日，宜洒乳于地，俾地上空中之神灵得享，而保佑大汗及其妻女财产，以及国内臣民，与夫牲畜、马匹、谷麦等物。洒乳以后，大汗始行。

　　有一异事，前此遗忘，今须为君等述之者。大汗每年居留此地之三月中，有时天时不正，则有随从之巫师星者，谙练巫术，足以驱除宫上之一切风云暴雨。……

[……]

　　大汗在其都城大宫之内，坐于席前。席高八肘，位于廷中。其饮盏相距至少有十步之远，内盛酒或其他良好饮料。此辈巫师巫术之精，大汗欲饮酒时，致能作术使饮盏自就汗前，不用

---

① 成吉思汗（约1158—1227），1206年起成为蒙古帝国的皇帝。

人力。此事常见之，见之者不只万人，此乃实事，毫无伪言。我国术人明悉巫术者，将告君等此事洵可为之也。

偶像之节庆既届，此辈巫师往告大汗曰："我辈某偶像节庆之期已届（言时举其名）。陛下深知若无祭享，此偶像将使天时不正，损害吾人财产。所以请赐黑首之羊若干以享之，并请颁给沉香、檀香及他物若干（此辈任意索取各物），以备奉祀我辈偶像，俾其默佑我辈之一切财物。"

于是大汗命左右诸臣如数付之。诸巫师得之以后，遂往享其偶像。大燃灯火，焚数种香，熟祭肉，置于偶像前。已而散之于各处，谓其偶像可以取之，惟意所欲。其庆贺之法概如是也。各偶像各有其名，各有其节庆之日，一如我辈圣者每年有其纪念之日也。

此辈亦有广大寺院，其大如一小城。每寺之中有僧二千余人，衣服较常人为简。须发皆剃。其中有娶妻而有多子者。

尚有别种教师名称先生（sensim），守其教戒，节食苦修，终身仅食糠，浇以热水，此外不食他物，仅饮水，日日持斋，是盖为一种过度苦行生活也。此辈亦有其大偶像，为数不少。然偶亦拜火，及其他不属本派之偶像。不娶妻室。其衣黑色而兼蓝色，卧于席上。其生活之苦竟至不可思议。其偶像皆女形，质言之，其名皆属女名也。

兹置此事不言，请为君等叙述"诸汗之大汗"之伟迹异事，是为鞑靼人之大君，其名曰忽必烈，极尊极强之君主也。

* * *

马可·波罗在元朝度过的二十年间，颇受忽必烈的赏识。作为

第一部分 交流源起

成吉思汗的孙子，忽必烈为子孙后代打下了占蒙古帝国四分之一的疆土。马可·波罗在这部作品中对忽必烈的描述——那种强大、专制、独裁、迷人和残忍的形象——在几个世纪后被处于不同时代背景下的许多作家以不同的方式传承了下来。甚至在20世纪，美国社会学家和历史学家卡尔·魏特夫[①]通过研究元朝的大型灌溉设施，为这一观点提供了证据支撑，他认为这些工程需要庞大的官僚机构和社会动员过程才能实现，从而揭示了亚洲一些国家具有集权和独裁的传统。[②]

实际上，现代人很难摆脱昔日欧洲见证者塑造的可汗形象的牢固印象。当代人对忽必烈的研究更多关注于他的政治手腕、蒙古人为何被如此中国化的原因，以及为什么元朝统治不可持续。

* * *

今首先在本书欲言者，乃为现在（1298）名称忽必烈汗的大汗之一切丰功异绩。忽必烈汗，犹言诸君主之大君主，或皇帝。彼实有权被此名号，盖其为人类元祖阿聃（Adam）以来迄于今日世上从来未见广有人民、土地、财货之强大之君主。我将于本书切实言之，俾世人皆知我言尽实，皆知其为世上从来未有如此强大之君主。君等将在本书得悉其故。

应知此忽必烈汗为成吉思汗之直系后人，世界一切鞑靼[③]之

[①] 卡尔·魏特夫（Karl Wittfogel, 1896—1988），德裔美国剧作家、历史学家和汉学家。——译者注
[②] 参见卡尔·魏特夫的《东方专制主义：对于极权力量的比较研究》（*Oriental Despotism: A Comparative Study of Total Power*, 纽黑文：耶鲁大学出版社，1957年）。
[③] 蒙古人的旧称。——译者注

最高君主，序在第六，前已言之。基督诞生后1256①年时，彼始以睿智英武而得国。其为人也，公正而有条理，初即位时，诸弟与诸宗族与之争位，然彼以英武得之。且论权力与夫道理，彼为帝系之直接继承人，应得国也。

[……]

君主的君主名称忽必烈的大汗之体貌如下：不长不短，中等身材，筋肉四肢配置适宜，面上朱白分明，眼黑，鼻正。有妇四人为正妇，此四妇诞生之长子，于父死后依礼应承袭帝位。此四妇名称皇后，然各人别有他名。四妇各有宫廷甚广，各处至少有美丽侍女三百，并有勇武侍臣甚众，及其他男女不少，由是每处合有万人。

大汗每次欲与此四妇之一人共寝时，召之至其室内，有时亦亲往就之。尚有妃嫔不少，兹请为君等叙其选择之法。

鞑靼有一部落名称弘吉剌（Ungut）②，其人甚美。每二年大汗遣使至此州选择美女四五百人，其审查美色之法如下：使臣抵此州后，召此州一切室女来前，逐一审之，检查其肤发面眼口唇等部是否与全身相称。用迦剌（carat）定其等次。有定作十六迦剌者，有定作十七、十八、二十迦剌者，视其美丑，定其高下。须有二十迦剌或二十一迦剌者，始准进入后宫。

及献至大汗前，复命人拣选之，以定率最高者三四十人为帝室侍女。每人各以大臣之妻一人审查之。于夜间审查该女有无隐疾，肢体有无缺点，卧后有无鼾声，气息是否不恶，身上是否毫无秽气。

---

① 如今公认的年份是1260年。——译者注
② 弘吉剌为一较大游牧部落，有许多分支，分布在今额尔古纳河、海拉尔河、哈拉哈河流域一带。——译者注

第一部分 交流源起

　　检查以后，分五人为一班，每班侍奉大汗三日三夜，期满改由他班轮值，如是周而复始。

　　一班在室内服务，一班在邻室服务，若大汗欲从外间取物，如取饮食之类，则由房内侍女命邻室侍女预备。侍者除此辈侍女外别无他人。

＊　＊　＊

　　这种权威不仅体现在可汗建造的伟大宫殿上，也体现在他的外貌、个人日常行为和习惯上（他的个人生活承载着种种公共意义），以及周围人对他的毕恭毕敬上，这让初来乍到的欧洲人着迷不已。同时，《马可·波罗游记》中描述的许多繁文缛节和王廷运作的含蓄场面也暗示了可汗是如何发号施令的。关于这些场景的描述也对后世产生了深刻影响。

＊　＊　＊

　　大汗开任何大朝会之时，其列席之法如下：大汗之席位置最高，坐于殿北，面南向。其第一妻坐其左。右方较低之处，诸皇子侄及亲属之座在焉。

　　皇长子坐于大汗之右，皇族等座更低，其坐处头与大汗之足平，其下诸大臣列坐于他席。妇女座位亦同，盖皇子侄及其他亲属之诸妻，坐于左方较低之处，诸大臣骑尉之妻坐处更低。尚有官吏，甚至有贵人不少，无席可列，应坐于殿中毡上而食。复有无数人在殿外，此种人盖来自各州贡献远地异物者。其中间有土地被没收之若干藩主冀将土地发还者，此辈于朝会及皇子结婚之日常临殿外。

殿中有一器,制作甚富丽,形似方柜,宽广各三步,刻饰金色动物甚丽。柜中空,置精金大瓮一具,盛酒满,量足一桶。柜之四角置四小瓮,一盛马乳,一盛驼乳,其他则盛种种饮料。柜中亦置大汗之一切饮盏,有金质者甚丽,名曰杓(vernique),容量甚大,满盛酒浆,足供八人或十人之饮。列席者每二人前置一杓,满盛酒浆,并置一盏,形如金杯而有柄。取酒后,以此大杓连同带柄之金盏二,置于两人间,使各人得用盏于杓中取酒。妇女取酒之法亦同。应知此种杓盏价值甚巨,大汗所藏杓盏及其他金银器皿数量之多,非亲见者未能信也。

此外命臣下数人接待入朝之外国人,告以礼节,位置席次。此辈常在殿中往来,俾会食者不致有所缺,设有欲酒乳肉及其他食物者,则立命仆役持来。

每殿门,尤其大汗所在处之殿门,有大汉二人持杖列于左右,勿使入者足触其阈。设有触者,立剥其衣,必纳金以赎。若不剥衣,则杖其人。顾外国人得不明此禁,如是命臣下数人介之入,预警告之,盖视触阈为凶兆,故设此禁也。但出殿时,会食之人容有醉者,罚之则不如入门之严。

并应知者,献饮食于大汗之人,有大臣数人,皆用金绢巾蒙其口鼻,俾其气息不触大汗饮食之物。大汗每次饮时,侍者献盏后,退三步,跪伏于地,诸臣及其他在场之人亦然。乐器齐奏,其数无算,饮毕乐止,会食者始起立。大汗每次饮时,执礼皆如是也。至若食物,不必言之,盖君等应思及其物之丰饶。

食毕撤席,有无数幻人艺人来殿中,向大汗及其他列席之人献技。其技之巧,足使众人欢笑。诸事皆毕,列席之人各还其邸。

2

中国想象：塞缪尔·珀切斯

《珀切斯的朝圣之旅》是英国牧师塞缪尔·珀切斯（1577—1626）的幻想式游记，全名为《珀切斯，他的游记，或曰已知所有时代所有地方世界与宗教之关系，从创世迄今》①，这本书与马可·波罗或与珀切斯同时代的利玛窦的叙述形成了鲜明的对比。马可·波罗和利玛窦都有（尽管前者尚有争议）在亚洲大陆生活的第一手经验，但对于珀切斯而言，除了求学之地剑桥、担任牧师之地埃塞克斯郡的伊斯特伍德以及辞世之地伦敦以外，他从未踏足欧洲大陆其他地方，更不用说欧洲大陆以外的地域了。

然而，珀切斯的想象力天马行空，他的作品很可能受到了理查德·哈克鲁伊特②以及他担任圣职之地的水手们所讲述的故事的影响。受此启发，他开始酝酿《珀切斯的朝圣之旅》这一内容错综复杂的杰作，书中所涉之地包括波斯、印度、中东，当然还有中国。

---

① 英文名为 *Purchas His Pilgrimage; or Relations of the World and the Religions Observed in all Ages and Places Discovered, from the Creation unto this Present from 1613*。——译者注
② 理查德·哈克鲁伊特（Richard Hakluyt, 1553—1616），英国游记作家。——译者注

马可·波罗和塞缪尔·珀切斯，一个是基于真实经历一个是基于虚构想象，比较二者的作品是为了寻找呼应和相似之处，尤其是探究二者对可汗世界具体描述的真实性。当然，二者的作品写作思路不同，但都十分生动和比较写实。

此处的简短摘录可对照马可·波罗对大可汗宫廷的描述，事实上，可汗统治的元朝比珀切斯的作品早了两个多世纪。因此，这里是一个完全由想象虚构而成的场景，它所描述的内容几乎都是静态的，展现了一个庞大而祥和的帝国。这部作品的重要意义在于，它不仅反映了作者所处时代的欧洲人对一个远在亚洲大陆上的强大"异国"的想象和感受，更在大约两个世纪后催生出类似柯勒律治的《忽必烈汗》这般恢宏的诗篇和隽永的意象。关于这部非凡诗篇是如何写就的——是否在诗人经历了吸食鸦片的幻觉后，经过长时间的思考和想象之后写就，以及这一遐想过程是否被诗人居住的萨默塞特郡波洛克的一名税务员敲房门而打断，已成为文学界的不解之谜。

尽管今天《珀切斯的朝圣之旅》备受冷落，但这部半虚构半纪实、半据实半捏造的作品仍然值得一读。

第一部分　交流源起

节选自《珀切斯的朝圣之旅》

十二月，一月，二月，[大汗]居于帝国东北部汗八里附近一处恢弘宫殿①。殿内有四方围墙一座，每方长八哩，周有深沟，中有城门。向内一哩另有一围墙，每方六哩；南北侧各有门三扇。墙内有士兵守卫。墙内各角落及中央各有庄严宫殿，共计八座，内存军械。再向内有第三堵围墙，四哩见方，每方占地一哩，有六门八殿，内存粮草。两墙之间绿树成荫，草地上豢养各色野兽。再向内才是大汗宫殿，壮观非常，南北两侧有墙相隔，极尽奢华富丽堂皇，美轮美奂，不可言喻。前因司天监进言称汗八里必背国谋叛，大汗疑虑，下旨在旧城（指中都）之旁新建一城，名曰大都（即"汗八里"城）②，距旧城四百二十英里，凡旧城民众不得入内，以绝祸患。此城横平竖直，分为四方，每方六哩，共有三门，街道甚直，此端可见彼端，盖其布置，使此门可由街道远望彼门也。城之中央有一极大宫殿，中悬大钟一口，夜间鸣钟三下，禁止人行。大可汗御有骑兵一万二千，由四名都尉护卫。可汗豢有豹子、狼和狮子，用以狩猎野驴、熊、鹿等，并豢有一种食狼之鹰。两名狩猎武官手下各统一万人，一方着红色衣物，一方着天蓝色。可汗狩猎时，两名都尉各领人马狼犬护卫左右，人喧马嘶，无一兽可得脱。十月至三月，

---

① Cambalu，即珀切斯所称的世外桃源，今中国北京。——译者注
② 可汗的冬宫，位于今中国北京境内。——译者注

每日可猎千头鸟兽。可汗出行时，万名驯鹰者分布四周，可汗乘坐象舆，由四头大象背负，其上可观狩猎，并于附近搭设帐篷，以慰劳苦。任何人领地之外不得携鹰犬捕猎，宫廷附近不得捕猎，三月至十月繁殖季节亦不得捕猎。①

中华帝国②

中国被托勒密称为秦尼国。③中国的城市没有庄严的寺庙和华丽的建筑，也缺少欧洲城市那种优雅和壮丽。他们的房子低矮，没有门廊、走廊、窗户，也没有临街的景色。冬天，甚至南京附近都会有暴风雪。他们拥有丰富的生活必需品，包括水果、肉和鱼，且价格低廉。他们的庄稼可以一年两熟或三熟。山脉稀少，一马平川。他们会用大米酿酒。日食三餐，但饭量很小。他们只喝热饮（无论是水还是酒），用象牙、乌木或其他材料制成的两根筷子夹取食物，也不用手碰肉，并会使用小餐巾。他们喝热饮，不吃水果，注重健康，并乐在其中。中国人胡子稀少（不超过二十根），短鼻，黑色小眼，宽袍大袖，他们认为短衣襟小打扮、大眼睛、络腮胡、长鼻子是一种畸形。他们皮肤白皙，但不像欧洲人那样白。他们各行各业都有能工巧匠，没有人懒惰度日。这里人人病有所医。这里没有绅士，每个人都是平民，论功升擢。读书是唯一的出路，因此这里人人勤学好问。中国的文字并非由字母排序而成，实际上根本不是

---

① 节选自《珀切斯的朝圣之旅》第四卷第十二章"庄严的节日和神圣的可汗"。
② 节选自《珀切斯的朝圣之旅》第四卷第十六章"中华帝国"。
③ 克罗狄斯·托勒密（公元100—170）在其著作《地理学》第六卷中提到了秦尼（Sinae），即现在的中国区域。

第一部分 交流源起

字母，而是文字，他们的文字多达四万；因此，它们构成的不是音节的差异，而是意义的差异。日本人能够理解他们的文字，但听不懂他们说话。他们的纸就像一张薄薄的透明羊皮纸，只在一面上书写。他们写字的方向是自上而下，而不是像我们一样自左至右。他们的日常使用文字有八千至一万个，均为单音节。中国人特别在意语言的修辞：讲究语言的辞藻华丽、恰到好处和踔厉骏发。这里没有公立学校，但在城市里每三年举行一次公开考试或毕业仪式，这些学子会来到城市，接受考验，并可能因此受到青睐。他们有三等学位：一等学位的毕业生被称为秀才；二等为举人；三等为进士。[①] 一等学位的考试每个城市都可以举办，但二等考试只有省内的大城市可以举办；二等学位考试也是每三年举办一次，获得一等学位的学子需要在贡院内参加第二次考试，根据题目撰写文章，题目通常比一等考试更加晦涩难懂。参加考试的学子人数众多，以至于偶尔有人会在贡院门口被踩踏致死。三等学位考试则需要在三年后到皇宫大殿参加。获得三等学位的学子在学习一些国家法律之后便可以担任各地官员或地方长官。参加科举考试的学子被关在号房内，一人一监考，只提供笔、墨、纸和蜡烛，考试时间二十四小时，在登记考生姓名后，会有专人将文章内容誊抄一遍，隐去考生姓名，然后将原卷首的考生姓名、籍贯封住或者裁去。匿名的誊抄副本由指定考官审阅，并选定他们认可的最佳人选；通过将誊抄副本与原卷对比，便可以确定考生姓名。通过一等考试的学子，可以为自己和家人获得某种豁免；如果他放弃继续攻

---

① 从汉代（公元前2世纪—公元3世纪）到晚清（1644—1911），科举考试程序有所不同，通常以中央和地方形式进行。这里的"秀才"为入门级考生（又称"生员"）；"举人"为合格考生，能担任更高阶的官职；"进士"为优等考生，层次最高。

读，家人就会对其口诛笔伐。凡通过三等考试（即我们所谓的博士）的人，可以光耀门楣，受众人敬仰，这是一种至高的荣誉。除了举行其他的庄严仪式之外，人们还会为这些考生竖起凯旋门（指牌坊）。学子们攻读的一般是两千多年前的智者或哲学家撰写的关于政治和道德哲学的书（指四书五经）；他们尊崇圣人，尤其是孔子，官员们每年都要祭奠孔子，孔子的后人也受到历代君王的敬重。孔子文笔的博大精深可与柏拉图和塞涅卡媲美，尽管他的措辞远不如柏拉图和塞涅卡那样优美和雄辩。中国的印刷术与欧洲有所不同，不是把字母连在一起，而是每张书页都要制作一张印版，两面都有字母或文字。他们还会使用黑底白字印刷，比欧洲人更加讲究。对于中国人而言，精通诗词、绘画和音乐是令人敬佩的才能，他们在数学和其他人文科学方面的水平却差强人意。在这些方面中国官员们更信任耶稣会士，耶稣会士认为中国人最高深的学问也并不比西塞罗时代的罗马人高明（不可否认，当时的罗马已经达到了人文科学的高峰）。要详述这个庞大国家的圣经贤传是一项永无止境的工作。因此，只能由读者们自行挖掘。

在此，我还想探讨一下他们的政治和政府。这个国家的国号为大明①，人民自称为大明人，并不使用中国这一字眼。皇帝是专制的君主，其税收收入超过欧洲和非洲所有君主的总和，税收按人头征收（约合半个达克特金币②），每年臣民缴纳的赋税超过三千万两银子。另外还有各地缴纳的贡品，多为土产和手工艺品，据他们自己的估算，价值高达二千六百万两银子。

---

① "大明"是对明朝（1368—1644）的称呼，即珀切斯著书期间。
② 达克特金币是"一战"前欧洲古代贸易专用货币。——编者注

第一部分　交流源起

此外，仅广东（最少的省份之一）海关税收每年便接近八百万两银子。据庞迪我①估计，朝廷每年税收可达一亿五千万两银子。但国库开销巨大，所有各级官吏、太监、朝臣、士兵、医馆和僧尼都要从国库领取薪俸。周边的邻国会自愿附庸于明朝，因为其他强国只会巧取豪夺。最近，高丽被日本侵略，明朝考虑到高丽毗邻边境，便发兵驰援，但当日军败退后，明朝军队也很快撤离高丽。②皇帝会纳娶一位皇后和众多妃嫔，如果皇后不能生育，妃嫔的孩子便可以继承皇位，现在也是如此；万历皇帝朱翊钧便是一位妃嫔的儿子，而他目前选定的继位者也是庶出。③皇城宫禁森严，妃嫔既不能外出，也不能与亲戚相见，同样，她们的亲戚也不能攀龙附凤恃宠而骄。皇帝的侍从都是太监，他们都是从小便被父母去势的寒门子弟，希望通过进官改变人生。获批进宫后，他们会在年长的太监手下接受训练，以便能够胜任工作。明朝前后大约有十六万名太监在宫廷任职，这是一种人类的糟粕。万历皇帝比前朝君主更受人尊敬，他也从未像前朝君主一样每年出巡或祭祀天地。④他的宫殿极为宽敞，但并不像欧洲宫殿那样奢华。皇城被三重城墙包围，第一重城墙内有一座大型城镇，城镇内除了太监的住所外，还有小山、树林、溪水和其他美景。耶稣会士[利玛窦]称，在他来到那些太监的住所之前，途径了八座巨大的宫殿，这些太监奉命学习如何校准他们给皇帝进献的钟表，还要从事其他繁杂事务。利玛窦登上了一座高塔，俯瞰树木、花园和房屋，虽然他曾看

---

① 庞迪我（Diego de Pantoja, 1571—1618），西班牙人，明末来华的耶稣会传教士，与利玛窦一同来到北京，他曾用拉丁语写了一篇游记，显然珀切斯参考的就是这本书。
② 指1592—1598年万历朝鲜战争。
③ 明神宗万历皇帝朱翊钧，1572—1620年在位。
④ 珀切斯所言不虚，万历皇帝在其漫长统治期间不理朝政，将朝事留给官员打理。

过欧洲最华丽的建筑，但这里的繁华程度远超欧洲。在第三重城墙内，居住着皇帝、妃嫔、帝王子嗣以及那些被允许进入的仆人。当法定继位者昭告天下后，其他的儿子就会被遣散到全国各地，不得擅离封地，也不得涉政，否则就会以皇亲国戚的名义被软禁在如监狱般的宫廷内，直到三四代之后才被释放。皇帝是天下之主，是为天子。官员在正式场合需要遵循各种繁文缛节（包括着装和语言）。

未经皇帝御批，任何人不得执行死刑。因此，罪犯会被羁押在监狱里。但是官吏有权动用杖刑，击打囚犯的腿部，几下就可以令犯人致残甚至死亡，因此官吏比皇帝更可怕。官员出门会乘坐华丽的轿子（这是一种习俗），由轿夫抬轿，前面由五六十名军卒开道走在他们前面，四人一排，手持戟、权杖、战斧、锁链和手杖：一路行来，军卒会喝退闲人，锁链声、说话声、犬吠声、手杖声嘈杂不断，路人都会默默地退避三舍。城邑之中有君王的官邸，供这些官员居住。北京和南京的官员多如牛毛，其中一座城市的官员数量多达二千五百多人，甚至比一些地方的人口都多。这些官员每天进行两次听讼，为民伸冤。朝廷设六部和其他诸多行政机构。其中最重要的部门为吏部，其长官被称为吏部天官，因为他权力最大，有权劝谏皇帝对各级官员进行升擢、降职或罢免：所有官员的职位均由皇帝批准或废除。第二个部门为礼部，掌管礼仪和祭祀。第三个部门为兵部，掌管全国的军政。第四个部门为户部。第五个部门为工部，掌管宫殿城墙等建筑物的营造修缮。最后一部为刑部，掌管刑狱诉讼。六部之上还有内阁。这些行政大员在财富上无法与欧洲的贵族相提并论。他们对罪犯的判决并没有措辞严谨的判决书：比如经常会下令责罚二十大板，然后由衙役将犯人

第一部分　交流源起

处死,而犯人则会卑躬屈膝地趴在地上。这些手杖中间有裂缝,约三四指宽。二三十次击打之后,犯人必定皮开肉绽,五六十次击打之后,伤口要花很长时间才能痊愈,一百次击打之后,基本无药可救。有时他们也使用吊刑,用绳子将犯人的手臂吊起来。官员审案时极其耐心,且审案全程公开。被定罪的犯人脖子会戴枷,垂到膝盖前,上写罪责,如重罪或叛国罪,戴枷的犯人通常无法正常寝食,痛不欲生。在每一个大城市里都有四处官衙供官员居住。第四处官衙为主监狱,四周围墙高耸,坚不可破,大门固若金汤。大门内另有三道门,再往里才是关押囚犯的狭小囚室,由衙役日夜看守。监狱内部面积很大,甚至有街道和市场,可供七八百人自由出入。但佩雷拉①被抓入狱后,我自己也差点被囚禁,因此我会逃到他们的寺庙里寻求避难。这里的人都诚心礼佛,对囚犯却残忍无比。

---

① 迪奥戈·佩雷拉(Diogo Pereira),葡萄牙人,16世纪中期曾随耶稣会士圣方济各·沙勿略(Saint Francis Xavier)一同出使中国。

3

宗教接触：利玛窦

意大利传教士利玛窦（1552—1610）被认为是东西方关系的开启者之一。1572年，20岁的他来到刚刚让葡萄牙人暂时居住的澳门，并将在中国度过余生。利玛窦逐步向北迁移，直到1598年到达明朝首都北京。当时的明朝正处于万历皇帝（1572—1620）长期统治时期，在这一时期，儒家治国体系的功能失调达到了顶峰并最终导致了二十余年后明朝政权的崩溃。万历皇帝受嫔妃郑贵妃的蛊惑，终日沉迷于鸦片，在生命的最后二十年里，他不理朝政，以沉默作为对抗朝廷百官的武器。尽管利玛窦即将担任宫廷顾问，并在某种程度上受到了这位统治者的庇护，但他从未面见过万历皇帝。米凯拉·丰塔纳在所撰的利玛窦传记中描述了1601年那个令人难忘的时刻，当时这位意大利传教士终于被准许向天子递交国书，但由于皇帝疏于政事久矣，递交仪式是在空荡荡的龙椅前完成的。[①]

[①] 米凯拉·丰塔纳（Michela Fontana，美国科学记者和作家），《利玛窦：进入明朝的耶稣会士》(*Matteo Ricci: A Jesuit in the Ming Court*)，拉纳姆和伦敦：罗曼和利特菲尔德出版社，2011年，第204页。

受到西班牙传教士圣方济各·沙勿略在印度、日本和印度尼西亚等国家成功传教的鼓舞，利玛窦成为第一批被意大利派往中国这一陌生国度传经布道的传教士。利玛窦将欧洲在科学、数学和哲学方面的思想和知识带到中国，因此在明朝社会中获得了很大的特权。与此同时利玛窦也深谙汉语，并对中国古典哲学和文学融会贯通，堪称一位中国通。

珀切斯谈论过利玛窦，莱布尼茨也经常在著作中援引利玛窦的作品，他们以及后世无数其他人都同利玛窦一样对儒家思想心醉神迷。儒家思想中含有与基督教思想相契合的元素，而对这两种思想兼容性和一致性的求索，自始至终贯穿于利玛窦的作品。然而，利玛窦对于佛教则没有那么隐忍，经常与佛教信徒和修行者进行激烈的争辩。

利玛窦的作品意义重大，因为它表明，在坚持欧洲世界观和视角的同时，深入接触中国的思想和文化是完全可行的，尽管难度很大。下文摘录自他的主要理论著作《天主实义》(*The True Meaning of the Lord of Heaven*)，这是中国和欧洲在宗教、知识和文化融合方面最早也是最重要的尝试之一。

第一部分 交流源起

节选自利玛窦著作《天主实义》[①]

第 21—24 节

21. 西士曰：此天主道，非一人一家一国之道。自西徂东，诸大邦咸习守之。圣贤所传，自天主开辟天地、降生民物至今，经传授受，无容疑也。但贵邦儒者鲜适他国，故不能明吾域之文语，谙其人物。

22. 吾将译天主之公教，以征其为真教。姑未论其尊信者之众且贤，与其经传之所云，且先举其所据之理。

23. 凡人之所以异于禽兽，无大乎灵才也。灵才者，能辩是非，别真伪，而难欺之以理之所无。禽兽之愚，虽有知觉运动，差同于人，而不能明达先后内外之理。缘此，其心但图饮啄，与夫得时匹配，孳生厥类云耳。

24. 人则超拔万类，内禀神灵，外睹物理，察其末而知其本，视其固然而知其所以然，故能不辞今世之苦劳，以专精修道，图身后万世之安乐也。

第 263—266 节

263. 西士曰：夫轮回之说，其逆理者不胜数也，兹惟举

[①] 节选部分参考 [意] 利玛窦著，蓝克实（Douglas Lancashire）、胡国祯（Peter Hu Kuo-chen）译《天主实义》*True Meaning for the Lord of Heaven*，中国台北：利氏学社，1985 年）中文译本：电子书第 42 页、第 44 页、第 200 页。——译者注

四、五大端。

264．一曰：假如人魂迁往他身，复生世界，或为别人，或为禽兽，必不失其本性之灵，当能记念前身所为。然吾绝无能记焉，并无闻人有能记之者焉。则无前世，明甚。

265．中士曰：佛老之书所载能记者甚多，则固有记之者。

266．西士曰：魔鬼欲诳人而从其类，故附人及兽身，诒云为某家子，述某家事，以征其谬，则有之。记之者必佛老之徒，或佛教入中国之后耳。万方万类生死众多，古今所同，何为自佛氏而外，异邦异门，虽奇圣广渊，可记千卷万句，而不克记前世之一事乎？人善忘，奚至忘其父母，并忘己之姓名？独其佛老之子弟以及畜类，得以记而述之乎？夫谑谈以欺市井，或有顺之者。在英俊之士、辟雍庠序之间，当论万理之有无，不笑且讥之，鲜矣。

第一部分　交流源起

马可·波罗对其中国之旅的叙述在某种程度上是欧洲与远东接触的一个近乎半神话般的开端。在21世纪的今天，我们有马可·波罗学院，有许多以这位探险家的名字命名的旅游公司，更重要的是涌现出了"新丝绸之路"这样的理念。还有无数的电影、小说甚至歌曲都受到了马可·波罗中国之旅的启发。这些新事物对当今中国的影响不亚于对外部世界的影响。

在马可·波罗死后的几个世纪里，他到底影响了多少后人还尚未可知。塞缪尔·珀切斯的作品几乎完全是基于想象的。然而，对于16世纪后才来到中国的耶稣会士来说，马可·波罗这位伟大前辈的叙述让他们心安，因为中国不再是一个未知之地。无论如何，他们来华的根本任务不同。耶稣会士来华的目的是传教，将中国纳入全球信仰共同体。贸易可能随之而来，但从表面上看，这并非耶稣会士的关键目的。在最近的几个世纪里，马可·波罗游记的最重要的象征意义是，对于正确认知的人而言，中国是通往物质财富的途径——一个可以带来直接物质利益的地方。或许正是马可·波罗的这一部分叙述引起了务实笃行的当代中国共产党领导人的注意。当欧洲不再试图强制宣扬意识形态或文化变革，而是表现出更加务实、客观的态度时，才能更好地与中国交往。最终，马可·波罗回归故里。利玛窦则与同侪参与了更为深刻的同化和本土化过程——他们中的大多数人再未回到自己的祖国。在21世纪，尽管中欧对话和关系发展迅速，但奇怪的是，一个艰难的抉择依然摆在面前：是按照中国的方式与其接触并被其同化，还是自绝于中国文化和生活的本源，作为局外人与中国接触。从这个意义上说，马可·波罗的作品及其内涵在今天依然具有现实意义——要么置身于这一特定的文化和智慧之外，要么融入其中。但是，如果中欧双方不能设法存异，便没有办法求同。

第二部分

启蒙时代的观点

17世纪至19世纪初的启蒙运动是欧洲思想繁荣发展的非凡时期，也被视为一系列人性观点形成的时期——这些观点往往与世界其他地区和知识传统产生的观点形成了鲜明对比。德国古典哲学家伊曼努尔·康德①对人类的独特性和个性大力颂扬：一个人可以自由地相信自己相信的东西，不是依靠外部权威，而是依靠内心的信念和能动性。

清代中国这一遥远的国度通过基督教传教士的著作而为世人所知，利玛窦的作品便是一个典型例子，并由此对一些欧洲重要的启蒙思想家产生了深刻影响。值得注意的是，这种影响方式别具一格。对于伏尔泰和莱布尼茨这两位分别在政治哲学和纯粹哲学领域占据重要地位的作家而言，中国似乎更像是一种知性的现实——一个与欧洲截然不同的地方，欧洲人只有调整自己的思维方式和世界观才能适应中国，才能展现欧洲新普世主义思维模式的强大和自信。对伏尔泰而言，中国是灵感和智慧的源泉，是西方沉疴痼疾的解药。他在《哲学词典》中对中国大加赞赏，而与他几乎同时代的孟德斯鸠则以残忍、严酷和专制统治等字眼来概括东方。在他们之中，莱布尼茨是伟大的文化仲裁者——一如既往地致力于探寻客观看待中国的方式，摒弃不切实际的描述和歪曲的观点。

伏尔泰、孟德斯鸠和莱布尼茨关于中国是怎样的国家、如何更好地看待中国、中欧关系将走向何方的争论，为后世思辨奠定了基调。令人惊讶的是，这三位人物从未踏足过明清时代的中国。他们对这个屹立于远东大陆的国家的了解和印象完全来自二手、三手乃至四手信息。然而，他们都不约而同地将目光投向了中国——正如此后的诸多欧洲著名人物一样，这些人先后都在欧洲文化、知识和社会发展中发挥了巨大的作用。

---

① 伊曼努尔·康德（Immanuel Kant，1724—1804），德国哲学家、作家，德国古典哲学创始人。——译者注

4

儒家文明：戈特弗里德·威廉·莱布尼茨

戈特弗里德·威廉·莱布尼茨（1646—1716）在自然科学、哲学和数学领域成就斐然，是启蒙运动中的巨擘之一。因此，他对清代中国的研究和了解具有重大意义。他通过阅读利玛窦、龙华民①和耶稣会士翻译的中国战国时期（公元前475—前221）典籍以及后世哲学家的著作，间接了解了中国的哲学、文化和历史。尽管这些资料支离破碎，再加上时代背景的局限（当时西方传教士的主流思想是批判中国，旨在批评和打压中国文化），莱布尼茨依然敏锐地觉察到了中华文明与欧洲宗教和哲学之间的共性。

莱布尼茨关于中国的著作虽然只占他大量作品的一小部分，但由于它们体现了包容和文化开放，因此具有巨大的象征意义。在其临终著作《论中国人的自然神学》（*Discourse on the Natural Theology of the Chinese*）一书中，莱布尼茨以寥寥数语，阐明了自己对与

---

① 龙华民（Niccolò Longobardi，1559—1654），意大利天主教传教士，利玛窦的继任者，他于1597年（明朝末年）来华，在中国生活了六十多年，直到逝世。——译者注

欧洲物质和精神世界迥然相异的中华帝国的态度，并成为今日中国研究的座右铭："我在开篇阐明，我不想研究中国人的崇拜方式在多大程度上应该被谴责或辩护，我只想研究他们的教义。"①

下面的两篇摘录都涉及一个共同的问题：如何顺应中国的哲学观，使其与西方基督教的哲学观相容，即使二者存在差异。就本质而言，这与一千多年前柏拉图和亚里士多德的"异教"著作在古典时代晚期（约公元354—430年的圣奥古斯丁时期）被新兴的、占主导地位的基督教神学和意识形态所同化的过程相类似。后者的成功或许为莱布尼茨的努力提供了一个范式，特别是在第二篇摘录文章中，莱布尼茨将中国的"理"等同于基督教神学中的理性、原初质料、原动因等概念。这种化二为一的开拓精神与中国思维的价值观和真实性不谋而合。莱布尼茨认为，他可以经由语言从中国人的立场来理解中国思维，从而摆脱文化上的蔑视或傲慢。在关于儒家思想作为民法典而非宗教法典发挥作用的第一篇摘录文章中，莱布尼茨也表现出了类似的态度，这些观点在三个多世纪后仍然准确。莱布尼茨的学识渊博和兼容并蓄之处还在于能够发现自己创立的微积分系统与《易经》中六十四卦之间的相似之处。

---

① 戈特弗里德·威廉·莱布尼茨，《莱布尼茨论中国》（*Writings on China*），丹尼尔·J. 克鲁克、小亨利·罗斯蒙特译，伊利诺伊州芝加哥和拉萨尔：Open Court 出版社，1994年，第123页。

论尊孔民俗（1700年）

§1 在为《中国近事》(*Novissima Sinica*)①作序时，我倾向于认为，中国文人祭祀孔子时，只是将其视为一种民间仪式而非宗教崇拜。但随即遭到了一部分人的反对，尽管他们是出于好意，但并没有说服我（改变观点）。

§2 如果我理解无误的话，宗教崇拜（个人定义）是指我们认为我们的崇拜对象具有超人的力量，能够给予我们奖赏，也能够对我们施加惩罚。至于这种力量是异教徒崇拜的那种邪神力量，还是基督徒那种求上帝赐福的力量并不重要。

§3 在中国人对孔子和其他先贤，特别是对其祖先的崇拜仪式中，有些仪式会被他国人视为宗教仪式。但可以肯定的是，这些崇拜大多是模棱两可的，以至于可以被视为某种政治崇拜，正如皇帝或基督教君主会使用神的名字。我们知道的是，中国人在礼仪上比其他国家更为极端，甚至到了过犹不及的地步。但对这种行为不应过度解读。

§4 例如，他们会将摆放遗像和祭品的地方称为"灵位"或"神主"，这其实是以拟人化或诗意的方式来表达灵魂不朽，而不是他们真的相信逝者的灵魂会回到这个地方，乐享祭品。

---

① 莱布尼茨于1699年撰写的作品。——译者注

§5 因此，我们必须依据充分的证据来探究中国人对灵魂的看法。根据中国文人所推崇的经典著作，我们会发现他们认为孔子等圣贤可以身死而神不灭，他们会奖赏那些效仿和崇拜他们的人，惩罚蔑视他们的人，这一点尤为重要。

§6 至于那些耶稣会士的批评言论，在我看来，我们似乎可以得出这样的结论：中国人认为这种对祖先和先贤的崇拜是有益的，信奉先贤的人可以获益良多。然而，他们同样相信，所有被圣贤们奉为美德的行为——比如知恩图报，都会给全人类带来莫大的福祉，这种信念要么是基于人类境况的本质，要么是相信有一种至高无上的力量主宰一切。但他们并不把这种力量归结于灵魂本身。

§7 当然，毋庸置疑的是，中国人通常以迷信的形式来表达他们的崇拜，这让多明我会传教士龙华民和闵明我①，以及法国教会的世俗神职人员深感不安。但鉴于这种有悖常理的崇拜得到了官方认可，也未曾造成不良影响，我们不应对那些参与这种无伤大雅的仪式的人妄加指责。

§8 到现在为止，基于中国古典文献，我尚不清楚官方认可的中国文人（尤其是先贤）正统学说为何。但无论如何，欧洲人很难做出恰如其分的评价，因为中国文学的诘屈聱牙并不亚于希伯来或阿拉伯文学，颇为艰深晦涩，这与基督教世界的情况大相径庭。

§9 与此同时，即使人们对这种崇拜的看法模棱两可，但

---

① 闵明我（Domingo Fernández Navarrete, 1610—1689），西班牙多明我会神父，曾活跃于菲律宾、印度尼西亚及中国，其著作对伏尔泰也有所影响。

还是应该给予它应有的评价——我们应该像使徒保罗认可雅典人为庆祝而设立的刻有"未识之神"的祭坛那样认可中国人的这种崇拜。鲁莽地指责中国皇帝和先贤，正如草率地将他们定义为无神论者一样武断。我非常钦佩伟人利玛窦的远见卓识，因为他就像曾经的教会教父们用基督教的方式诠释柏拉图和其他哲学家的作品一样，用包容的态度去理解中国文化。即便当初利玛窦没有正确地理解中国文化——难道我们就不应该退而思之，去其糟粕取其精华了吗？将不属于孔子的教义归罪于孔子，这是一种赤裸裸的欺骗，因为这会让不明就里的人身受其害，让至圣先师们妄受其辱。

§10 因此，我认为布韦神父①的话——他受到启发，遵循古制来解读《易经》中的古老文字——值得深思，因为我仿佛看到了昔日罗马教廷反对耶稣会的影子。

§11 目光敏锐的欧洲人（如利玛窦）能看到中国博学家看不到的东西，并且比中国博学家更擅长解读中国古籍，这并不荒谬。在我们这个时代，谁能否认基督教学者比犹太人更懂希伯来古籍呢？有时候异国人对一个国家的历史和典籍的洞察力要比本国人强得多！尤其是那些20多个世纪以来从中国消失的学说，因为中国人虽然了解中国文学，但很有可能不具备欧洲人所拥有的解读手段。

§12 至于中国基督徒是否可以将基督教的至高神 God（欧洲常见说法）称为"上天"或"上帝"（中国文人使用的术语），即最高统治者，我认为这是一个值得深思的问题。当然，反

---

① 若阿金·布韦（Joaquim Bouvet, 1656—1730），法国耶稣会士，1687年起活跃于中国。

对耶稣会的人认为这种称谓无伤大雅,因为中国皇帝也会在牌匾上亲笔书写"请天"(请求上天)二字,正如当时的耶稣会士在教堂里展示的那种碑文。因此中国人很有可能认为神灵是有形的实体的。但如果耶稣会士从这一点或其他中国文学作品中引申出另外一种解读(即无神论),尤其是关于统治天堂本身的至高无上的力量又当如何呢?因此,未经详察便对中国人横加指责是有失公允的。

§13 同时,如果基督教传教士达成某种默契,对新教徒谆谆教导,警告他们错误解读的危险性并广而告之,向教徒证明他们所祭拜的神灵是真实存在的,而他们也确实是这样做的,这岂不恰恰与中国人的信仰方式相吻合,证明中国人其实比我们想象的更加睿智?或者说至少他们的公开教义并不比我们的更严苛?这就是我在《中国近事》序言中所说的为什么我如此赞成推进这一使命,以及为什么我对某些人的吹毛求疵毫不意外的原因。

第二部分　启蒙时代的观点

节选自《德国哲学家论中国》(1716年)[①]

§3 中国的版图很大,不比文明的欧洲小,在人口与治国方面,还远超欧洲。中国具有(在某方面令人钦佩的)公共道德,并与哲学理论尤其自然神学相贯通,又因历史悠久而令人羡慕。它很早就成立,大约已有三千年之久,比希腊罗马的哲学都早。虽然希腊哲学是我们所拥有的在《圣经》外的最早著述,但与他们相比,我们只是后来者,方才脱离野蛮状态。若是因为如此古老的学说给我们的最初印象与普通的经院哲学的理念有所不合,所以我们要谴责它的话,那真是愚蠢、狂妄的事!再者,除非有一场大革命,要摧毁这套学说也不容易。因此,尽力给它正当的解释是合理的事。但愿我们拥有更完整的记载与更多的从中国经典中正确地抄录下来的讨论事物原则的述言。当然,最好是将经书全部翻译出来;但是既然还做不到这一点,我们也只可做暂时性的判断。首先去中国的利玛窦神父的后继的中国传教区主管,耶稣会士龙华民神父,在中国居住多年,直到他几乎九十岁时谢世而去。他在一部(没写完)已刊行的小书中,记下几段出自古籍作者的文字。既然他的目的是反驳其内容,我们并无理由怀疑他伪造任何东西。我相信这些材料所提供的有关中国的权威性的学说,应是可靠的,而且不会使人视为恭维

[①] 节选部分参考秦家懿编译《德国哲学家论中国》(*Discourse on the Natural Theology of the Chinese*,北京:三联书店,1993年)中文译本:第72—73页、74页、76—82页"论中国人的自然神学(致德雷蒙的信)"之"(一)中国人对至高神的看法"。——译者注

之辞；所以我要为它作合理的解释。除此之外，我也会运用同意龙神父想法的利安当①神父所加上去的话。

§4 中国人称第一本原（first principle）为"理"，即是大自然的理由或本原，包罗万象的理由或实体，世上没有比"理"更大，更好的东西。这伟大、普遍性的因原既纯粹、安静、精微，又是无形无体，只能由悟性来认识。理以理而言，共生五德：仁、义、礼、知、信。②

§4a "理"不须他物而能自存自足，因此世界也不须另一位至高神。根据中国人的看法，"理"是有世以来，循着一律性的动规，一直不停地推动着"天"的唯一之"因"；它也使"地"稳固，使万物各有其果——这一切都不出自万物，不属于万物本身，而完全来自"理"。它统治一切，存在于一切，以天与地的绝对主宰的身份控制并产生一切。

§8 中国人也称他们的"理"为"圆体"或"丸体"。③ 我相信这如我们说，至高神可比丸体或圆体一样，它的中心无所不在，而它的圆边则并无所在的。他们称它为物之"性"；我相信这也像我们说至高神是自然之自然（natura naturans）④一样。我们说自然有知：它的行动有目标，它不是乱来的。

---

① 西班牙方济各会神父，又名安东尼奥·卡瓦列罗（1602—1669），1633 年首次来华，在中国逗留了三年；于 1649 年再次回到中国，于广州逝世。
② 即"五常"。——译者注
③ 中国人有以"圆体"喻天：比如陆九渊说过，"天体圆如弹丸"。（《性理大全》卷二十八，25 页）。至于以此比"理"，可能是指邵雍的《太极图说》，或是以圆形代表太极之图。——译者注
④ 可能是指 natura naturans，一个中世纪时期的哲学术语，意为"自然行自然所行之事"，这是经院哲学（拉丁文）用以代表至高神的主动性的创造力，与受造实体（宇宙＝natura naturata）不同。

中国人也说它有真有善。如同我们在本体论中说的本体一般。可是为中国人而言，就如"理"是至善的本体，它也有至善的真与善。龙华民神父并且说作者（我想他是指孔子）引用了出自其他更古老的文章中的十八段话来证实这话。

§9 说了这些话，为什么不能也说中国人的"理"即是我们拜为至高神的至上实体呢？龙华民神父反对这说法。我们检讨他的理由是否足够呢。（他说：）"我认为有人可能相信理即是我们的至高神，因为人们归于它的特征与善处都是只属于至高神的。不过，你们该小心，不要给这些名称迷住，因为底下却有隐着的毒素。若是追根究底的话，你们会发现这"理"即是我们的原始物质（prime matter）。这句话的证据，是他们一方面将众善都归于理，另一方面又以许多过失也归于它，就如我们的哲学家们谈到原始物质时一般。"我记下龙华民神父自己的话，以便小心检讨一切，因为我认为他完全错了。

§10 我愿意先总括地答覆龙神父说的话：就是中国人竟然糊涂到言词矛盾的地步，就是如此也不必说中国人的"理"不是指至高神，而是指原始物质。但是我们应该首先不作任何判断，只看两种意见之间哪一种更可信，并且检查可还有第三种吗？我们也应该作比较：他们归于"理"的特征，是更接近至高神的，还是原始物质？再者，第一项说法是否更符合他们其他的学说？我本人认为恐怕龙神父既早已反对中国思想，又被某些不信神的仕人们的著述迷住。他们嘲弄那些设想从他们祖先的学说中找到根据以成立神的存在、神的关心与自然宗教的其他一切道理的人们。我们不应该继续信任这些人的解释：他们的做法，就如欧洲的无神论者一般，毫无系统地利用所罗门说过的话，或者〈圣经〉其他作者所讲的事，以证明人死后并无赏罚。若是不幸地让无神论在欧洲占了优势，成为学者们所共奉的学说——就如以前的阿威洛伊主义。①一般，几乎被意大利所有的哲学家都接受了——然后中国的智者派遣读过我们古书的传教士来欧洲的话，这些〔中国人〕自会有理由反对学者们的意见，并嘲弄他们的讪言。

§11 利安当神父在报导中国人归于理、太极②与上帝③的好话时，提及他们虽给理只属于至高神的特征，但是不承认〔理〕有任何意识，可见他们矛盾。不过若真是如此，我们又何不只认他们的好话，而反驳他们的坏话和他们说的与善不妥的矛盾之处？根据〔中国人〕，"理"或"太极"即是至善的"太一"，毫无任何杂物的纯善，既纯又善的本体，造成天地的本原，至高的真理。"理"本身即是力而不限于本身；又为了与众沟通而造了万物，它是纯、德与爱之源。它的原理即是造万物，而众善都出乎它的要素与本性。这本原了解理性内外的一切方法与律法，并连续不断地有所为或生产，而又在适当时消掉一切。我们可以假定"理""太极"或"上帝"是有灵性的，能洞窥一切、知道一切，做一切的。那么，中国人不可能同时说这多好，并且又相信它无用处，无生命，无意识，无灵性，无智慧，而不显出矛盾。利神父说异教的

---

① 指 Averroës，西班牙的阿拉伯学者，原名 Ibn Rushd（1126—1198），为欧洲人介绍亚里士多德。——译者注

② 太极，"supreme, excellent"。

③ 上帝，"God"。

第二部分　启蒙时代的观点

哲学家也说过矛盾的话。我也相信他们用的语言，做的定义会有矛盾之处。[1] 我们可以将这矛盾归于许多学派，但不能归于同一学派，在这方面，我们应该严谨地设法贯通意思。

§12 讲到细点，我完全不懂中国人如何能从原始物质中找到行动的规范与一切形式之源。我们的哲学家教过，这〔原始物质〕是全属被动性的，既无秩序又无形体。我不信他们如此愚蠢，荒唐。经院哲学的原始物质除了存在之外，并无任何好处，只是纯被动性的，纯可能性的。它只能接受任何形态，动作，方式，但不能是它们的本原。清清楚楚的是：主动之力与规定、指挥这力量的知觉——使它以指定方式行动的——不属于这〔原始物质〕。所以，我相信将中国人的"理"——指理由或秩序的"理"——认作原始物质是很不对的。

§13 在经院哲学得势时，有某一位迪南人叫大卫[2]的说过至高神是万物的原始物质。斯宾诺沙也可算是这么说，因为他似是认为受造物只是至高神的各种变化。但是他们指的原始物质并非纯被动性的，而自含有动的原则。中国人有的可能也接近这看法，可是我们不应该轻率地谴责他们的所有学派，把他们都说成是这样的。我们之间，有人常说灵魂是至高神[3]的一口气。不过，这种说法要好好地解释：至高神并非是由各种部分组成的，所以若是要说灵魂发自至高神的话，也不应该将灵魂当作从神那边分开的东西，终于会如海

---

[1] 拉丁语，"就做定论而言，应以明确或确定的术语"。
[2] 迪南的大卫（约1160—1217），比利时泛神论哲学家。
[3] 拉丁语，"神灵的一部分"。

洋中的一滴水一般回归于神的怀抱。这说法使至高神变成可分的，而灵魂实是至高神直接创造出来的。有的哲学家，比如朱利乌斯·斯盖利格①，曾主张形式并不是出自物质的，而是动力因（efficient cause）造成的。这套说法受到"生出派"②（Traducians）的称许。总之将灵魂说成它可能是发自至高神的实体，使至高神似是有部分的，是不对的。灵魂只能来自无。所以若是某些中国哲学家说事物发自"理"，我们不可以立刻说他将"理"变成事物的"物质因"（material cause）。

§14 我相信我们可以依靠上述的说法，去解释龙华民神父得自所谓《朱子》③的那本书的一段话（28：2）。那位作者很明智地说鬼神并不只是"气"，而是气之力。若是孔子曾对一位弟子说过鬼神只是"气"的话，他指的是有活力的"气"，而且是为了适应未能接受精神实体的那位弟子的智力而说这话的。希腊人的 Pneuma，拉丁人的 Spiritus，都指气，即是一种精微的，包含受造的非物质性实体的物质。同一作者后来又说"鬼神亦称理"。我的判断是，这个字意思含糊，有时直指至高神本身，有时亦指任何神——因为可能它的字源本指理由或秩序。

根据龙神父的翻译，中国作者所说如下："鬼神都出自一理，所以理是万物的实体与普遍本体"。我却认为他要说的是："理"可算是万物的实质、生命、力量与主宰，因为他清楚地分辨了气之理与气之物。这里的"理"似是不指第一类

---

① 朱利乌斯·斯盖利格（Julius Scaliger, 1484—1558），意大利亚里士多德派哲学家。
② 认为灵魂与身体一样，同样来源于父母的一群人。
③ 《朱子》，宋代新儒学代表人物、历史学家和政治家朱熹的作品。

精神实体而指普通的精神体或单子（entelechy），即是指如同灵魂一般赋有动能、知觉或有规的行动的。既然〔朱熹〕说："事物间并无其他区别，只是有清浊不同，延伸上的不同"。他似是要说的，不是"理"或"神"是物质性的，而是由神处得到活力的与更清的、更延伸的物质连合的事物，也更完善。当然，这位作者所见不够深刻，又在鬼神的身体上寻找他们的区别所在——就像许多不懂预定和谐论的哲学家们一般。不过他至少没有说什么违背真理的话。他的原意，并非将"理"或神（更非绝对地或主要地，将理）说成是物质性的。他之所以不如此说是因为他已辨明了"气"与给"气"活力的鬼神。他也不说"理"是事物的物质，而似是说个别的"理"——在个别的物体中——是发自"大理"的、有不同完善性的。所以事物的不同与物质的精微和延伸性的区别是有比例性的，而它们的"理"本身也有上述的比例性。可见他并没说不真的话。

5

仰慕中国哲学：伏尔泰

天主教会的眼中钉、理性主义者、无出其右的讽刺作家弗朗索瓦－玛丽·阿鲁埃（1694—1778）以伏尔泰为笔名，撰写了一部基于中国元杂剧《赵氏孤儿》的戏剧《中国孤儿》。他在大量著作中多次明确地提到中国，但影响最深远的观点出自其《哲学词典》（*Philosophical Dictionary*）一书。即使在今天，这本书中的一些主题仍然能引起我们的共鸣：在那个认为中国人与欧洲人的世界观迥然不同，并将儒学视为原始的和异教的时代，欧洲信仰体系，尤其是基督教体系，是如何界定欧洲与中国的交流和对中国的态度的。然而，对伏尔泰而言，应该从中国人的角度来解读中国人的思维并认识到其理性的一面；他折服于中国文化的道德深度和严肃性，并不无钦佩地记录了伟大的清朝康熙（1661—1722年在位）和雍正（1722—1735年在位）这两位皇帝率先与西方传教士接触，后又因其禁止中国信徒尊孔祭祖而驱逐了他们。

伏尔泰笔下描述的是清朝鼎盛时期的中国——从康熙到其子雍正，再到其孙乾隆（1735—1796年在位）三朝统治时期。康熙和乾隆的统治各持续了六十年。正如后面内容所述,那个时代的中国,首先将西方视为传教者,其次是经济和技术伙伴,再次是威胁。这位法国哲学家以自己的方式书写中国且目的鲜明:孜孜不倦地抨击天主教会的意识形态和种种行径。在他的另一部著作《论宽容》中,伏尔泰不无赞叹地写到,罗马帝国是一个信仰体系多元化的时代,而所有这一切均为君士坦丁大帝的崛起及其在公元313年设基督教为国教的敕令所粉碎——这一事件导致了一系列灾难性的天主教与东正教之争,以及随之而来持续了几个世纪之久的思想意识的禁锢。封建帝国时代的中国,正如罗马帝国一样,包容调和了不同的世界观,并没有追求某种自上而下的统一。出于这一原因,远在异国的伏尔泰坚信,中国是一个兼容并蓄、海纳百川的国家。

第二部分　启蒙时代的观点

节选自《哲学辞典》①

我们在其他篇章里，也曾一再指出，跟一个例如中国这样的民族争夺它那些名副其实的名望是何等鲁莽笨拙。我们以欧洲而论没有哪一家名门贵族的古老程度能比得上中国的那些世家。

[……]

我不知道在我们国土有什么文人对于中国民族的上古时代表示惊奇。但是这里根本不是什么烦琐哲学问题。任凭中国所有的文人、官吏和皇帝都去相信伏羲氏②是大约在我们俗历纪元前二千五六百年在中国制定法律的最早的人之一吧。

[……]

在西方的一个省份，过去叫做克尔特③的那里，人们的奇谈怪论竟然发展到说中国人仅仅是埃及的殖民地人，或者说是腓尼基的殖民地人。人们竟还认为，就像证实许多事物一样，证实了一位埃及国王被希腊人④称做米那的就是中国国王大禹⑤，亚托埃斯就是中国国王启，不过是更换了几个字母罢了。而且人们更进一步竟然这样推论：

---

① 节选部分参考［法］伏尔泰著，王燕生译《哲学词典》(*Philosophical Dictionary*，北京：商务印书馆，1991年) 中文译本：第329—341页 "CHINA (DELA) 论中国"。——译者注
② 伏羲生活在大约5 500年前，是中国神话中的第一位统治者。
③ 伏尔泰时代高卢的讽刺性说法。
④ 美尼斯 (Menes，约公元前3200—前3000)，古埃及第一王朝开创者。
⑤ 大禹，传说中夏朝 (约公元前2070—前1600) 的开创者。

埃及人有时候在夜间点燃火炬，中国人也点灯笼，所以中国显然是埃及的一块殖民地。耶稣会教士帕尔南①曾在中国生活过二十五载，又精通中国语言和学术，他既不失礼而又蔑视地驳斥了这一切想象之谈。所有到过中国的传教士和中国人，凡是听到有人对他们说西方人们改变了中国这个帝国，尽都付之一笑。帕尔南神甫回答得还较认真一点。他说，你们说的那些埃及人到中国去势必要路经印度。当时的印度是否有人？要是有的话，又怎么能让一支外国军队过境呢？要是印度当时还没有人的话，埃及人岂不就会留在印度了吗？那么他们本来也就可以在印度河和恒河肥沃的两岸开辟殖民地，还会穿越荒无人烟的沙漠和难以通行的山岳到中国去拓殖吗？

一部在英国印行的世界史的编写者们也曾想要否定中国史的上古时代，因为耶稣会教士是最先介绍中国情形介绍得最好的人。无疑，这就是一个很好的理由来对整个一个民族说："你们撒了谎！"②

我觉得应该好好思考一下孔夫子——我们这里称做Confucius——对于他的国家的上古时代所作的见证；因为孔夫子决不愿意说谎；他根本不做先知；他从来不说他有什么灵感；他也决不宣扬一种新宗教；他更不借助于什么威望，他根本不奉承他那时代的当朝皇帝，甚至都不谈论他。总之，他是举世唯一的一位不让妇女追随他的教师。

我认识一位哲学家，在他的书房里间悬挂了一幅孔子画

---

① Dominque Parrenin（1665—1741）（后多译为巴多明——译者注），清朝耶稣会传教士，1697年被派往中国，引起了康熙皇帝的注意，担任康熙皇帝的科学和医学教师。
② 不清楚伏尔泰此处指的是哪本书，也许是普查斯的作品。

第二部分　启蒙时代的观点

像；他在这幅画像下边题了四句诗：

唯理才能益智能，但凭诚信照人心；
圣人言论非先觉，彼土人皆奉大成。

我钻研过他的著作；我还作了摘要；我在书中只发现他最纯朴的道德思想，丝毫不染江湖色彩。他生在我们俗历纪元前六百年。他的著作经过中国饱学之士注释，倘若他所言不实，倘若他犯了一处编年错误，倘若他谈过一位实际上并未存在过的什么皇帝，怎么会在一个博学的民族里竟然没有谁来改正孔夫子的纪年学呢？只有一个人曾经想要反驳孔夫子，他却招致了举世的嘲笑。

这里无须拿中国古迹万里长城跟其他国家的古迹对比；后者绝对比不上万里长城；也无须再提起埃及金字塔比起万里长城来不过是一些无用而幼稚可笑的堆堆罢了的话；也无须再沦到中国古代编年史中计算出来的三十二次日蚀，其中倒有二十八次是已经欧洲数学家证实是准确无误的；也无须叫人注意到中国人崇敬古代祖先是如何可以肯定他们古代祖先确实存在过；也无须再详细论述他们崇敬祖先如何在中国阻碍了物理学、几何学和天文学的进步。①

我们相当了解中国人现在还跟我们大约三百年前那时候一样，都是一些推理的外行。最有学问的中国人也就好像我们这里十五世纪的一位熟读亚里士多德的学者。但是人们可以是一位很糟糕的物理学家而同时却是一位杰出的道德学

---

① 20世纪50年代，李约瑟在巨著《中国科学技术史》中用更长的篇幅提出了这样一个观点。

家。所以，中国人在道德和政治经济学、农业、生活必需的技艺等等方面已臻完美境地，其余方面的知识，倒是我们传授给了他们的；但是在道德、政治经济、农业、技艺这方面，我们却应该做他们的学生了。

谈谈中国驱逐传教士①

从人道方面说，除开耶稣会教士为基督教所能做出的贡献之外，他们万里迢迢来到世界上疆域最广文化最高的帝国，散布不合理的东西，制造混乱，岂不是很不幸吗？尤其是在日本酿成血流成河之事后，岂不是肆意践踏东方各民族的宽容和善良品德吗？那是一场可怕的惨剧，因而这个帝国为了杜绝后患，便对一切外国人关上了大门。

耶稣会教士曾经获得中国康熙皇帝许可他们传教。他们便利用这个来使一小部分由他们指挥的人民相信，除开那位在人间代表上帝而住在意大利一条名叫台伯的小河河畔的人②之外，不可以侍奉其他的主宰；要他们相信一切其它的宗教见解、宗教信仰，在上帝眼里，都是可憎恶的，而且上帝永远要惩罚任何不信耶稣会教士的人；要他们相信耶稣会教士们的恩人康熙皇帝，因为不会说 Christ［基督］这个字（因为中国人根本没有 R 这个字母），将要受罚永刑；要他们相信康熙的儿子雍正皇帝也要受罚永刑不赦；要他们相信汉人和满人的祖先和后裔以及地球上其余一切的人都要受罚永

---

① 1721 年，康熙皇帝下令将基督教传教士驱逐出中国。
② 指罗马梵蒂冈的教皇。——译者注

第二部分 启蒙时代的观点

刑；还要他们相信耶稣会神甫们对亡这么多灵魂受罚抱着真正慈父般的怜悯心情。

他们也终于说服了三位满洲血统的亲王。可是这时候康熙皇帝于1722年底晏驾。他传位四太子雍正。这位雍正皇帝以其朝政公正廉明、爱惜庶民而又驱逐了耶稣会传教士闻名于世。

他们首先先给三位亲王和他们家里许多人施以洗礼。这些新信徒不幸在有关兵役问题方面违背了皇帝意旨。正当这个时候，全国人民爆发了反对传教士的怒火，各省巡抚，朝中元老，都纷纷上奏折告他们的状。对他们的指控如此严重，以致人们就把耶稣会传教士们的门徒三位亲王都关起来了。

显然并非是因为他们领了洗才对待他们这么严厉，因为耶稣会教士在他们的通信里自己也承认他们并没有为了这三位亲王受到什么粗暴待遇，而且他们甚至于还被允许觐见皇上，皇上赐给他们几件礼物。所以这证明雍正皇帝决不是迫害人的人；既然三位亲王被监禁在靠近满洲的一所监狱里，同时却十分礼遇说服这三位亲王改变宗教信仰的神甫们，这就无可置疑地证明被监禁的三位亲王是国事犯而非殉教者。

不久之后，皇帝在全中国怒吼声中退让了。人们要求遣返耶稣会传教士，就像那时候以来在法兰西和其他国家人们要求取缔他们一样。中国各地官府衙门一致要求把他们遣送到澳门去。澳门当时被认为是与帝国分离的割让地，连同中国驻军一道，永久割让给葡萄牙为属地。

雍正还好心征询了各省衙门和巡抚的意见，想要了解一下把耶稣会传教士送往广东省去是否有风险。在等候各地回奏的时候，他又亲自当面召见了三位耶稣会教士，对他们说了以下这些话，由帕尔南神甫老老实实把原话报道了回来："你们这些欧洲人在福建省有意破坏我们的法律①，在民间制造混乱，各地衙门都在我这里检举告发这些欧洲人。这些乱子，我不得不整饬；事关帝国利益……要是我派遣一群和尚和喇嘛到你们国里去宣扬他们的法，你们又怎么说呢？你们又怎么接待他们呢？……虽然你们会欺骗我的父皇，你们却别想再欺骗我……你们想要中国人做基督教徒，你们的法律这样要求，我很清楚；但是我们又成了什么人呢？成了你们那些国王的庶民。基督徒只相信你们；在时局混乱的时候，他们也只听从你们的声音。我知道现在倒是没有什么可担心的，但是，当军舰成千上万开来的时候，就会出乱子了。

"中国北边和俄国接壤，俄国是不可掉以轻心的。南边又与欧洲人和他们那些王国为邻，他们为数更众了②。在西陲又有鞑靼王子们跟我们打了八年的仗了……沙皇的大使以实马埃洛夫亲王的同僚罗郎·郎热③要求我许可俄国人在各省份设商业机构；我们只允许他们在北京和卡尔加④边界设置，我准许你们也在这里和广东居留，只要你们不惹事生非招致民怨就好了。倘若你们引起民怨，我就不准你们在这里和广东居留了。"

人们便把他们在各省的住宅和教堂都拆毁了。最后，控

---

① 教皇已经在中国的福建省任命了一位主教。——译者注
② 雍正意指在印度的欧洲殖民地。——译者注
③ 又译作洛伦茨·朗格（Laurence Lange，约1690—1752），到过中国的俄国外交活动家、西伯利亚官员，其俄国名字是拉夫连季·拉夫连季耶维奇，负责处理中俄贸易。
④ 卡尔加（Kalkas）在今中国东北额尔古纳河西岸。——译者注

诉他们的怨声倍增。责难他们最深的，就是削弱了孩子们对父辈的尊敬，不敬奉祖先；在他们叫做教堂的大庭广众之下，把青年男女胡乱聚在一起；叫姑娘们跪在他们两腿之间，就在这样的姿势中对她们低声细语；对于温文尔雅的中国人说来，再没有比这种情形更骇人听闻了。雍正皇帝甚至把这类情况也曾谕知耶稣会传教士们；随后皇上就把大部分传教士送往澳门去了，但是对待他们还是礼遇有加关怀备至，也只有中国人才能做得到。

皇上把几位耶稣会教士数学家留在北京，其中就有我们已经谈到过的帕尔南神甫。帕尔南神甫精通满①汉语言，常常供职译事。有好些位耶稣会传教士隐匿在边远的省份，有的仍旧留在广东；人家睁一只眼闭一只眼，装作没有看见。

雍正皇帝晏驾，他的皇子和继位人乾隆终于把能够找到的那些潜伏起来的传教士统统都遣往澳门去，满足了全中国老百姓的愿望。有一道圣谕永远禁止他们再进来。倘若有什么传教士回来，人们便客客气气请他们到旁的地方发挥才能去。既毫不苛待，也毫不迫害。有人告诉我说，1760年有一位耶稣会传教士从罗马到了广东，被一个荷兰邮递员告发了，广东巡抚就馈赠他一匹绸缎、食品和银两，把他打发走了。

谈谈所谓中国的无神论

人们屡次谈论我们西方讲授神学的司铎们在世界的另一端指责中国政府为无神论者；这确实也是我们的疯狂行为和

---

① 据推测，满语是清朝皇帝的母语。

卖弄学问矛盾百出的言论发展到了极端的表现。在我们的大学里有人时而认为中国官府都是崇拜偶像的，时而又说他们根本不承认有神；而这些推论家有时候把他们推理的狂热发展到主张中国人同时既是无神论者又是偶像崇拜者。

1700年10月，索尔邦①把一切主张中国皇帝和国老都信奉上帝的命题宣布为异端。有人写了大本大本的书，论证根据神学论证方式，证明中国人都信奉实实在在的有形的天。

崇拜的只是云天

但是既然他们崇拜这个有形的天，那便是他们的神。他们好像波斯人，据说波斯人崇拜过太阳；他们又好像古代阿拉伯人，阿拉伯人崇拜星辰；他们既非塑造偶像的人，也非无神论者。但是一位教会司铎在他阴暗房屋里把一道命题宣布为异端和难以入耳的言论的时候，他不会是很认真仔细考察过的。

这些可怜虫，在1700年对于中国人的有形的天吵嚷得不亦乐乎，却还不知道在1689年中国人跟俄国人在两国接壤的尼布楚订立了尼布楚和约②，他们双方在当年9月8日建立了一块大理石碑，上面用中文和拉丁文刻着这几句令人永铭不忘的话：

"若有人有意重启战端，愿洞察人心的万物主宰，惩罚这

---

① 索尔邦（La Sorbonne），法国天主教司铎索尔邦（Robert de Sorbon）创设的巴黎神学院（1253—1794），其后即成为巴黎大学文理学院，今仍袭用这个名称。——译者注

② 指《尼布楚条约》，俄国与清朝于1689年签订的第一份边界条约。

第二部分　启蒙时代的观点

类背信弃义之徒……云云。"

只须略微通晓近代史，便可以终止这类可笑的争论了；但是那些以为人的职责在于注释圣·托马斯①和司科特②的作品的人，是不会降格屈尊来了解一下世界上两大帝国之间发生过什么事件的。

我们到中国去寻找瓷土，就好像我们这里一点瓷土都没有似的；去找绸缎，就好像我们缺少绸缎一样；去找一种泡在饮料里用的小草儿，好像在我们土地里一点草药都没有。为了答谢中国人，我们想说服他们改变宗教信仰；这是一种很可赞扬的热烈情怀；但是却不应该否认中国人的古老文化而说他们是偶像崇拜者。认真说来，一位方济各会修士在蒙莫朗西③的府第里受到款待，说蒙莫朗西家的人一定都是新贵胄，犹如国王的秘书一样，而又诽谤他们都是偶像崇拜者，因为他或许在这座府第里看见两三尊深受敬仰的武官塑像，会有人觉得这么样做好吗？

哈勒大学数学教授，知名的沃尔夫④有一天发表了一篇很好的演说推崇中国哲学；他称赞这个眼耳鼻须和推理都跟我们不同的古老的民族；他称赞中国人敬奉一位至高无上的神并且好德；他把这归功于中国皇帝、国老、法官、学士。对于和尚的看法就完全两样了。

要知道这位沃尔夫教授在哈勒吸引了一千多名各国的学

---

① 圣·托马斯·阿奎那（Saint Thomas Aquinas, 1225—1274），神学家、哲学家。
② 又译作邓斯·司各脱（Duns Scotus, 1266—1308），英国中世纪神学家、哲学家，反对托马斯派。
③ 法国最古老、最杰出的贵族家族之一，位于巴黎北郊。
④ 克里斯蒂安·沃尔夫（Christian Wolff, 1679—1754），德国哲学家和数学家。

生。在这个大学里有一位名字叫郎格的神学教授,他却一个人也吸引不到。这个人在课堂里坐冷板凳很失望,就有理由想要毁坏数学教授。他不免依照他那一类人的习惯,诽谤数学教授不信神。

有几位从来没有到过中国的欧洲作家曾经以为北京政府是无神派。沃尔夫既经称赞过北京的哲学家们,所以沃尔夫是无神派。嫉妒和仇恨从来没有做过比这更好的三段论式。郎格的这一论据由一群喽啰和一位保护人来支持,就获得国王的决定,给数学家下了一道两刀论法式的命令,叫他选择或是在二十四小时内离开哈勒市,或是被处绞刑。因为沃尔夫很会推理,当然不免一走了事:他的隐退使国王失去每年二三十万埃古银币的收入,这笔钱是这位哲学家由于他的学说的影响给国王输入的。

这个例子可以让君王们觉悟,不应常常听信谗言,由于一个愚夫的恼恨而牺牲一位伟大人物。我们把话题再回到中国问题上来。

干什么我们在西方,为了要知道中国在伏羲皇帝以前,是否曾经有过十四位王,这位伏羲是否生在我们俗历纪元前三千年还是二千九百年,我们竟自争论的怒发冲冠,破口大骂呢?我倒很愿意有两个爱尔兰人肯在都柏林争辩一下,在十二世纪,到底谁是我今天所占据的这块地方的所有者;我手中有古代典籍,他们不是显然应该来找我吗?照我的意思,关于中国最初的皇帝问题也是一样:应该去问那个地方的有资格解决这个问题的人。

不管你们怎样争辩在伏羲以前的十四位王,你们的动人争论只能证实中国在当时人口很多,法律已经通行。现在我

第二部分 启蒙时代的观点

问你们如果一个聚族而居的民族,有法律、有国君,就不需要有一个灿烂的古老文化吗?请想一直需要多少时间、若干场合的凑巧才能在矿石里发现铁,才能把铁用在农业上,才能发明梭和其它一些技艺呢。

那些笔下生孩子的人空想了一种很有趣的计算。耶稣会修士佩托①,用一种庞大的计算,算出在地球上太古洪水以后二百八十五年,人口比现在人们敢于设想的数目大一百倍。坎伯兰②和惠斯顿③之流也做过同样可笑的计算;这些善良朴实的人只要去参考一下我们南美洲殖民地的纪录,他们就要大吃一惊:他们也就可以知道人类的繁殖是何等的少,每每是人口减少而不是增加。

我们不过是昨天的人,是刚刚开拓了荒野森林的克尔特族的后裔。我们还是不要去打扰中国人和印度人,让他们安安静静地享受他们的锦绣河山和古老文化吧。特别是不要再把中国皇帝和德干④的苏巴王称做偶像崇拜者。也不要过于迷信中国的好处:他们的帝国组织确实是世界上最好的,是唯一把一切都建立在父权的基础上的国家;是唯一对于一个在卸任时没有受到万民爱戴的外省巡抚要加以处分的国家;当各国法律只限于惩罚罪行的时代是唯一设置奖金表彰德行的国家;当我们还在被迫接受征服我们的勃艮第人、法兰克人和哥特人的习惯的时代,是唯一使征服者采用它的法律的国家。但是我们却应该承认那些在精神上被和尚们统治着的小

---

① 丹尼斯·佩托(Denis Pétau, 1583—1652),法国耶稣会哲学家。
② 理查德·坎伯兰(Richard Cumberland, 1631—1718),英国哲学家。
③ 威廉·惠斯顿(William Whiston, 1667—1752),英国神学家和历史学家。
④ 指德干(Dekan)高原,印度半岛主体,是古老地块。——译者注

民,也跟我们的小民一样的调皮;在中国也像我们这里一样,对于外国人便把东西卖得很贵;在科学上中国人还处在我们二百年前的阶段;他们跟我们一样,有很多可笑的成见;就像我们曾经长期迷信过符咒星相一样,他们也迷信这些东西。

我们还要承认他们很惊奇我们的温度表,惊奇我们用硝石冻结液体[……]再说他们的医生也并不比我们的医生更能起死回生,而在中国就像在我们这里一样,自然本身治愈一切小病。可是这些情况却也阻挡不住中国人,早在四千年前,我们还不知读书识字的时候,他们就已经知道我们今日拿来自己夸口的那些非常有用的事物了。

再说一遍,中国的儒教是令人钦佩的。毫无迷信,毫无荒诞不经的传说,更没有那种蔑视理性和自然的教条。对于这类教条,和尚们赋予千百种不同的意义;因为这类教条根本就没有任何意义。自从四十多个世纪以来,他们一直觉得最简单的宗教也就是最好的宗教。他们都像我们心目中的塞特、以诺和挪亚①:他们都乐于跟世界上所有的贤明人士一道崇敬一位上帝,而在欧洲人们却分裂为托马斯派和波那王图尔②派加尔文派和路德派,冉森③派和摩利那派④,彼此对峙。

---

① 塞特、以诺和挪亚三人都是《圣经》中的人物,人类始祖亚当的子孙。——译者注
② 又译作博纳文图尔(Bonaventure, 1221—1274),意大利神学家和哲学家。
③ 荷兰主教康内留斯·詹森(Cornelius Jansen, 1585—1638)建立的神学院。
④ 又译作莫利纳派,由西班牙耶稣会士和神学家路易斯·德·莫利纳(Luis de Molina, 1535—1600)提出观点——"人是否得救,既由各人的自由意志所决定,又为上帝所预定"而成立,后为耶稣会士普遍接受。——译者注

6

专制帝国：孟德斯鸠

夏尔·德·塞孔达·孟德斯鸠男爵（1689—1755）出生于法国西南部波尔多附近的一个贵族家庭，在二十多岁投身于写作之前，曾担任波尔多法庭庭长。1726年，孟德斯鸠辞去职务，此后周游欧洲各国，这段经历为他最重要也是影响最大的著作《论法的精神》(The Spirit of the Laws)提供了丰富的素材。这部著作广泛地探讨了法律在不同社会中的作用及其与权力的关系，其主要思想是将国家政体分为三种类型——君主政体（贵族掌握最高权力）、共和政体（人民掌握最高权力）和专制政体（一人独揽最高权力），每种政体都具备特有的法律秩序和准则。《论法的精神》为18世纪后期美国宪法三权分立原则奠定了理论基础，并在随后几十年间对各国政体结构产生了深远影响。

与同胞伏尔泰一样，孟德斯鸠在研究中国时也使用了类似的耶稣会资料，但从中得出了不同的结论。这些资料并非来自一处，而是散见于耶稣会士的种种著作。在他看来，庞大而古老的中华帝国是专制的象征，中国的皇帝就像地球上的上帝一样，基于自己的道德地位构建起自身的合法性。《论法的精神》精确地表达了伏尔泰对自己批判的中国文化所持有的道德保留，这种文化，尽管无法准确定义，但正如孟德斯鸠所阐明的那样，在其世界观上与基督教欧洲奉行的神正论和伦理截然不同，并以"恐惧"为特征。正如他在该书第十八章中所述："基督教因慈善事业、公开礼拜和共襄圣事而似乎要求一切彼此相联，中国人则似乎要求一切相互分离。"

这部作品的主题一直困扰着西方对中国的想象和理解，直到近代，很多西方人依然认为中国是一个饱受人口过剩之苦的地方（孟德斯鸠坚信气候会影响人类的社会行为和妇女生育率）、一个因循守旧的地方……

同伏尔泰一样，孟德斯鸠也未曾踏足中国，他对中国哲学和思想的热情显然不如前者，但他确实尖锐地剖析了法律的特殊性及其与中国道德秩序的关系，中国道德秩序显然不同于欧洲的道德秩序。他评论称，中国的皇帝需要建立良好的秩序，因为他们并不相信来世，这与欧洲基督教的精神恰恰相反。在该书第十九章中，孟德斯鸠预测，传统和法律在中国社会的地位意味着基督教永远不会占据上风，中国文化具有一种"厚度"，这意味着即便是征服者（典型案例是清代），最终也会被其同化。

节选自《孟德斯鸠论中国》中"论法的精神"部分[1]

中国实行子罪父坐,秘鲁也是这样。这种做法依然源自专制观念。

有人说,在中国之所以子罪父坐,是因为父亲没有行使大自然所赋予的,又由法律所加重的父权,这种说法没有任何意义。在我们这里,无论是儿子被判刑的父亲或是父亲被判刑的儿子,他们因此而感到的羞耻,其程度与中国人因被处死而感到的羞耻没有区别。[2]

[……]

由于特殊的原因,某些国家需要制定节俭法。气候能使人口众多,可是在另一方面,能让这许多人生存的手段却极不可靠,所以,全民务农是个良策。在这些国家里,奢侈是危险的,节俭法应该严而又严。因此,要知道应该鼓励还是禁止奢侈,首先就应关注人口数量与谋生的难易之间的关系。在英国,土地产出的谷物远远多于养活食物和衣着提供者之所需,因而那里就有一些制造时髦用品的工艺,于是也就带

---

[1] 节选部分参考[法]孟德斯鸠著,许明龙编译《孟德斯鸠论中国》(北京:商务印书馆,2016年)中文译本:第234—256页"十、《论法的精神》"。——译者注

[2] 孟德斯鸠,"论法的精神:子罪父坐",第六章第二十节。

动了奢侈。法国生产的小麦足以供农夫和制造业从事者食用。此外，对外贸易可以用许多生活必需品换取时髦用品，所以法国人不必惧怕奢侈。

中国则恰恰相反，妇女生育力极强，人口繁衍迅速，以至于无论如何垦殖土地，居民也只能勉强果腹。奢侈当然是有害的，需要的是勤劳和节俭的精神，这一点与任何一个共和国一样。必须从事日常生活所需的工艺，远离专供享受的工艺。

这正是中国历代皇帝在圣谕中所表达的精神。一位唐代皇帝在圣谕中说："我们祖先的训诫认为，如果有一男不耕，一女不织，帝国内便要有人受到饥饿……"根据这个原则，他下令拆毁了许多佛寺。①

[……]

中国在历史上先后有二十二个朝代，也就是说，曾经二十一次改朝换代，至于其他大大小小的变乱②，那就不计其数了。最初的三个朝代因治国有方，而且疆域也不像以后那样广袤，所以存续时间很长③。总体上可以说，各个朝代在初始时期都很好。美德、谨慎和警觉都是中国之必需，而每个朝代建立之初确实也都具备，但到了倾覆前夜就都不复存在了。开国皇帝饱经戎马倥偬之劳顿，终于把一个沉溺于淫乐

---

① 孟德斯鸠，"论法的精神：中国的奢侈"，第七章第六节。
② 如果把汉、唐、宋等延续时间较长的朝代期间各个断断续续的朝代也包括在内，这种说法可能属实。例如，从夏到清，可能包括二十一个朝代。然而，人们也可以说，从夏朝至清朝的主要朝代共有十三个。这只是一个界定的问题。
③ 据推测，这里指夏朝至周朝（约公元前1046—前256）。

第二部分　启蒙时代的观点

的皇朝推翻，当然会珍惜美德，惧怕奢华，因为，他们对美德的效用和奢华的危害深有体会。可是，三四个皇帝之后，继任者们渐渐陷于腐化、奢侈、懒散和逸乐之中，幽闭深宫，精神萎靡，寿命缩短，皇室衰微，大臣擅权，宦官得宠，登上御座的尽是幼童。皇宫于是成了国家之敌，宫廷里一大群游手好闲之徒把辛勤劳作的人们搞得倾家荡产。篡位者把皇帝杀死或是赶下台，自己另立新朝。到了第三、四代，新朝的皇帝又把自己幽闭在宫中。①

[……]

当人民剥夺了元老院、官吏和法官的职权时，民主政体便会被颠覆，当君主不知不觉地剥夺了群体或城市的特权时，君主政体便会被腐化。前一种情况会导致多人的专制主义，后一种情况会导致一人的专制主义。

一位中国研究者曾言："秦朝和周朝灭亡的原因，是因为君主们没有效法先祖，仅对人民实施一般性监督——这才是一个君主唯一应为之事——而是事事亲为。"在这个事例中，这位中国研究者几乎将所有君主国家腐化的原因和盘托出。

当一个君主认为应该改变事物的秩序而非遵循事物的秩序才能展现权威时；当他对臣民的世袭职位予取予夺时；当他恣意妄为而非秉公无私时，君主政体就会被摧毁。同样，当一个君主事必躬亲，将国家之权利集于首都，将首都之权利集于宫廷，将宫廷之权利集于一身时，君主政体就会被摧

---

① 孟德斯鸠，"论法的精神：中国奢侈的致命后果"，第七章第七节。

毁。总之，当一个君主误解了他的权威、他的处境和人民对他的爱戴时；当一个君主不能居危思安，正如一个专制君主不能居安思危时，君主政体就会被摧毁。①

[……]

我们的传教士谈及幅员辽阔的中华帝国时，把它说成一个令人赞叹的政体，其原则兼融畏惧、荣宠和美德为一体。这么说，我所确立的三种政体原则，便是徒劳无益的区分了。

对于一个如果不使用棍棒，人民便什么也不干的国家而言，我不明白他们所说的荣宠是什么。

此外，传教士们提及的那些美德，从我们的商人的叙述中几乎丝毫也感觉不到。我们不妨听听他们所说的中国官员的欺诈掠夺行径。

我还可以请安逊②勋爵这位伟人作证。

此外，在巴多明③神甫的书信中，记述了皇帝对让他不快的几位基督教徒亲王的惩治，此事让我们看到了一以贯之的暴政，以及被视为天经地义，也就是不动声色的对人性的摧残。

我们还有德梅朗④先生和巴多明神甫谈论中国政府的书信。读了几个合乎情理的问题和回答后，令人赞叹之处全都

---

① 孟德斯鸠，"论法的精神：君主政体原则的腐化"，第八章第六节。
② 乔治·安逊（George Anson, 1697—1762），第一代安逊男爵，英国海军第一大臣，于1740年代环游世界，曾在澳门停留过。
③ 见前"5 仰慕中国哲学：伏尔泰"一节中注释。
④ 让·雅克·德奥图·德梅朗（Jean-Jacques d'Ortous de Mairan, 1678—1771），法国地球物理学家和天文学家，同巴多明有书信往来。

化作烟云了。

传教士们或许是被表面的秩序蒙蔽了，或许是单独一人持续不断地行使的个人意志给了他们以深刻的印象，因为他们自己也在一人的意志的统治之下，他们还费尽心机，试图在印度诸王的朝廷里，找到这种持续不断地行使的个人意志。他们到那里去为的是挑起巨大变革，对他们来说，让君主们相信自己无所不能，远比让老百姓相信自己能忍受一切容易得多。

不过，有些真实的东西往往存在于谬误之中。由于某些特殊的或许是独一无二的情况，中国的政体没有达到它所应该达到的腐败程度。大多基于气候的物质原因抑制了这个国家里的道德原因，进而演绎出了种种奇迹。

中国的气候出奇地有利于人口增殖。那里的妇女生殖力之强为世界所仅见。最残忍的暴政也不能抑制人口增长。中国的君主不能像法老那样说："我们不如用巧计对付他们！"中国的君主只能抱有尼禄的那种愿望：但愿全人类只有一个首领。暴政归暴政，气候将使中国的人口越来越多，并最终战胜暴政。

[……]

我们的君主认识到，国家如果治理得不好，在彼岸世界就难以幸福，今生的权力和财富也不会多。中国君主的感受与我们的君主不同，他们知道，倘若国家治理得不好，帝国就会倾覆，他们自己也性命难保。

尽管时有弃婴发生，但是中国的人口依然不断增长，因此，必须勤奋劳作，让土地提供赖以活命的粮食。这就需要政府给以巨大的关注。政府时刻都要关心，以期人人可以安心劳作，不必担心因劳动成果被他人攫取而白辛苦一场。所以，与其说这是一个管理公民事务的政府，毋宁说这是一个管理家政的政府。①

[……]

不过，中国的风尚牢不可摧。那里的妇女与男子绝对分开。不但如此，在学校里还教授习俗和风尚。从施礼时的从容不迫就可认定此人必是文人无疑。这些东西一旦被严师当作箴言施教，就固定为道德原则，不再变更。②

[……]

中国立法者所做的不止于此。他们把宗教、法律、习俗和风尚融为一体，所有这些都是伦理，都是美德。与宗教、法律、习俗和风尚有关的训诫就是人们所说的礼仪。中国的政体大获成功，原因就在于一丝不苟地遵守礼仪。中国人在年轻时学习礼仪，此后又把一生都用来实践礼仪。文人教授礼仪，官员宣扬礼仪。事无巨细，礼仪无处不在，所以，只要找到了一丝不苟地遵奉礼仪的方法，中国就可以治理得非常好。

---

① 孟德斯鸠，"论法的精神：中华帝国"，第八章第二十一节。
② 孟德斯鸠，"论法的精神：论中国人的行为"，第十九章第十三节。

第二部分　启蒙时代的观点

礼仪之所以能不费力地铭刻在中国人心中和精神里，原因有二。其一，中国的书写方法十分复杂，致使中国人在一生的很大一部分时间中，把精神完全贯注在礼仪上，因为要识字就得读书，而书里讲的都是礼仪。其二，礼仪不含有任何宗教成分，全都是简朴的平常行为准则，所以，比知识性的东西更具说服力，更容易打动人心。

不以礼仪而以刑罚治国的君主们，试图借助刑罚树立良好的风尚，其实刑罚对此是无能为力的。把一个因丢弃良好的风尚而触犯刑律的人逐出社会，刑罚完全能做到，可是，如果所有的人都把良好的风尚丢弃了，刑罚能把良好的风尚重新树立起来吗？刑罚可以制止普遍的弊病所造成的多种后果，但却无力消除弊病本身。所以，中国的政体原则一旦被抛弃，道德一旦沦丧，国家立即就陷入无政府状态，革命随即爆发。①

[……]

因此，中国并不因为被征服而丧失法律。由于中国的习俗、风尚、法律和宗教难以一一分清，所以不可能同时把这些东西统统改变。若想进行变革，不是征服者变，就是被征服者变。在中国，变的一向是征服者。因为，征服者的习俗并不是他们的风尚，他们的风尚并不是他们的法律，他们的法律并不是他们的宗教。所以，征服者折服于被征服者，比被征服者折服于征服者容易。

---

① 孟德斯鸠，"论法的精神：论中国政府的特殊性"，第十九章第十七节。

由此引出的另一个可悲的后果是，基督教要在中国立足几乎是不可能的事。妇女为自己的贞操发誓、在教堂集会、与神职人员交往、参与圣事、面对面的单独忏悔，以及临终涂油和男子不得娶妾等等，所有这一切彻底推翻了这个国家的习俗和风尚，同时构成了对他们的宗教和法律的冒犯。

基督教因慈善事业、公开礼拜和共襄圣事而似乎要求一切彼此相联。

鉴于我们已经看到，分离通常符合专制主义精神，因此从中可以发现，君主政体和一切宽和的政体之所以与基督教彼此兼容较好，原因之一即在于此。①

[……]

中国立法者以天下太平为治国的主要目标。在他们看来，俯首听命是维持天下太平的有效手段。基于这种想法，他们认为应该激励人们敬重父亲，为此他们不遗余力。他们规定了数不清的礼仪和程序，用来表示对父亲的敬重，生前如此，死后亦然。子女如果在父亲生前不知敬重，父亲身后就不可能得到敬奉。祭祀父亲与宗教的关系较为密切，侍奉在世的父亲与法律、习俗和风尚的关系较为密切。不过，这只是同一部内容极为广泛的法典的不同部分而已。

敬重父亲就必然与敬重所有可以视同父亲的人相关，诸如长者、老师、官员、皇帝。对父亲的敬重意味着父亲以关爱回报子女。与此同理，长者以关爱回报幼者，官员以关爱

---

① 孟德斯鸠，"论法的精神：从上一章得出的结果"，第十九章第十八节。

回报属下，皇帝以关爱回报臣民。所有这一切构成礼仪，礼仪则构成民族的普遍精神。我们将会感到，看似最最无关紧要的东西，其实并非与中国的基本政制无关。中华帝国构建在治家的理念之上。倘若削弱父权，哪怕仅仅削减用以表示尊重父权的礼仪，那就不啻是削弱对被视同父亲的官员的敬重，原本应该视百姓为子女的官吏于是就不再关爱百姓了，君主与臣民之间的互相关爱也就渐渐消失。只要其中一项被削减，国家就会因此而动摇。儿媳妇每天清晨是否前去侍候婆婆，此事本身无关紧要。可是，我们如果想到，这些日常细节不断地唤起必须铭刻在心中的一种感情，而正是每个人心中的这种感情构成了中华帝国的治国精神，我们就会明白，此类具体行为没有一件是可有可无的。①

---

① 孟德斯鸠，"论法的精神：中国人的宗教、法律、礼仪和风俗的结合是如何实现的"，第十九章第十九节。

在那个充满自信、求知欲和雄心壮志的启蒙运动时代，三位最重要的思想家专门腾出精力来思考和研究与他们同一时代的、可以间接了解的中国。这本身就表明了他们内在的博识和全球化视野。中国并未出离于他们的知识范围和视线，而是可以被探讨和形成概念的，哪怕他们实际上只能运用间接资料而非亲身体验来作为论证依据。因此，与马可·波罗和利玛窦不同，他们是从文字中而不是从现实中发现中国。这也说明了在他们生活的世界里，文本具有新的权威性，基于文本内容的思考同样具备有效性和重要性。

伏尔泰、莱布尼茨和孟德斯鸠从相似的信息来源（主要是生活在中国或接触过中国的耶稣会士的著作和证词）中得出了如此截然不同的结论，这无疑是令人震惊的。他们之间的差异在很大程度上取决于他们本身的知识兴趣和对自身所处环境的态度。对伏尔泰来说，繁盛的中国与病入膏肓的欧洲形成了鲜明对比，鉴于此，他可谓一个理想主义者。对莱布尼茨来说，他坚持一种客观中立、脱离自身价值观和主观偏好的立场，忠实于经验事实，因此，他是一位现实主义者。而对孟德斯鸠来说，他的关注点是将他所了解的中国国情与别国国情进行比较，他是一位普世主义者的代表。

概而论之，持有这三种观点的群体至今仍存在于欧洲——理想主义者（认为中国优于欧洲的人）、现实主义者（坚持实事求是、一切从实际出发的人）和普世主义者（认为欧洲是人类目前和未来发展典范的人）之间的观点仍然泾渭分明。今天关于中国的争论，尤其是欧洲，依然在沿袭这三位作者所建立的样板。中国是一个重要的国家，有着不一样的文化和知识态度，需要外部世界对其形成概念。有三种方法可以做到这一点——拥抱、批评，或尝试理解。或许现代创新就是在某种程度上努力做到这三点。

第三部分

近代文化接触

欧洲人在16世纪到18世纪的伟大使命是在亚洲寻找皈依者。这里是一片广阔的新世界，一个留待传教士开拓的世界，一个拥有异域宗教和精神信仰的世界，一个需要彻底被同化的世界，也是一个亟待基督教福音来拯救的世界。

这个时代，也是一个精神与物质相互交织的时代。成立于1600年的东印度公司便是明证之一。这是一家专注于贸易的英国公司，但它也与英国的全球殖民垄断密切相关，正如最终成为荷兰殖民野心主要引擎的荷兰东印度公司一样。

18世纪末第一次工业革命的成功，使英国得以通过《1784年皮特印度法案》(the East India Company Act of 1784) 将印度置于实际控制之下，并将触角延伸至日本和大清国周边国家，中国这一巨大的潜在货源地和市场不可避免地成为英国拓展疆土的首选之地。1792—1794年，马戛尔尼使团访华，揭开了两个帝国之间对抗的序幕：一个是拥有世界上最先进经济和最强军事的英国，一个是告别康熙、雍正和乾隆盛世并逐渐丧失文化和政治自信的中国。因此，这一时期的中欧关系变得波谲云诡，均势不再。对黑格尔和马克思这两位19世纪的主要人物来说，清朝时期的中国充其量只是一个为古老腐朽传统所拖累的国家，或者至少对马克思而言，中国是贪婪的英国殖民主义的猎物。通过第一次和第二次鸦片战争，英国和其他欧洲列强几乎蚕食了内忧不断的中国，与这些咄咄逼人、难以再敬而远之的新兴列强相比，中国在技术上完全处于劣势。因此，这个时代的欧洲人关注的不再是中国历史的源远流长和文化底蕴，而是其日薄西山与不堪一击。中国不再是一个亟需使其皈依的庞大国家，而是一个亟待开发的巨大消费和经济市场。欧洲列强对中国的垂涎一如当初的耶稣会士，然而它们的手段截然不同且来势汹汹，对中国产生了更为严酷和深远的影响。

第三部分 近代文化接触

现代工业化时代的到来意味着"大分流"的开始。西欧列强在财富和发展水平上迅速地把大清国抛到后面,同期世界也进入一个流动性更强的时代,主要来自葡萄牙、荷兰和英国的欧洲使团纷纷前往中国。与往昔来华的耶稣会士不同的是,这次来中国的传教士虽然也扮演了自身的角色,但其主要使命不再是传教,而是寻求开展商贸活动的机会。他们意图通过外交手段,或者随着19世纪资本主义的发展,诉诸武力来实现自身目标。

这次碰撞对当时的大清帝国产生了巨大影响,这种影响整体上是悲剧性的,形成的深刻烙印一直留存到了今天。同时,这次碰撞亦使欧洲人对中国形成了一种刻板印象——中国是一个为厚重的历史和落后的发展水平所拖累的国度,而且这种观念持续了很长一段时间。一言以蔽之,这一时期东西方交往的复杂程度逐渐加深,发生对抗和冲突的可能性逐渐加大,并为当今中欧关系发展提供了整体参照。

第三部分　近代文化接触

7

1792—1794 年
马戛尔尼使团访华：约翰·巴罗

乔治·马戛尔尼勋爵于 1792—1794 年的中国之行成为东西方交流的标志性事件。这是一个戏剧性的时刻，两种世界观发生了碰撞——英国在其君主乔治三世的领导下，经历了前所未有的技术和经济变革，而清朝执政近六十年的乾隆皇帝即将打破先例，退位成为太上皇。

马戛尔尼记述了自己进宫面圣的详情，以及关于拒绝下跪叩头的漫长谈判。关于这一事件的记录颇多。但是，本书的摘录出自一位马戛尔尼使团成员的手笔，即马戛尔尼的私人秘书约翰·巴罗[①]。巴罗出身低微，是一位英国兰开夏郡的硝皮匠之子，十三岁辍学，随后加入一支前往格陵兰岛的捕鲸队谋取生计，二十多岁时在伦敦

---

① 约翰·巴罗（John Barrow，1768—1848），马戛尔尼访华使团成员。——译者注

格林威治为东印度公司乔治·斯当东爵士①的儿子讲授数学课程，正因如此，他才有机会加入马戛尔尼使团，开启了中国之旅。

在语气和内容上，巴罗关于马戛尔尼使团访华始末的回忆录既散发着一种文化魅力，也流露出对中国的质疑甚至蔑视。从这个意义上说，它标志着自马可·波罗以来欧洲人仰慕天朝威仪时代的终结。在巴罗看来，中国是一个古老的、摇摇欲坠的帝国，曾经遥不可及，现在却近在咫尺。他笔下的乾隆有一种亲切感和人情味，远非珀切斯描述的那种令人敬畏的形象。巴罗被认为是"中国停滞论"的提出者，这种理论将中国视为一个技术和经济落后的国家。他描述了大清国的朝廷礼仪及最终觐见皇帝本人的情景，当时英国的国王乔治三世疯了，摄政王掌权并拥有一个不同版本的"后宫"。然而，正如巴罗在书中所述，他对汉语有着浓厚的兴趣，是少数既精通汉语又修习满文的人之一。掌握大量中国知识的巴罗成为中国事务专家，在第一次鸦片战争之前的一段时间内为英国政府建言献策。阅读巴罗的作品会让人了解到一系列重大悲剧性事件的肇因。

---

① 乔治·斯当东爵士（Sir George Staunton，1737—1801），英国探险家、植物学家，英国皇家学会院士，受雇于不列颠东印度公司，1793年被任命为英国访华使团第一秘书。他十二岁的儿子也叫乔治，陪同他完成了这项任务，并成为重要的东方学家。——译者注

第三部分　近代文化接触

节选自《我看乾隆盛世》①

马戛尔尼勋爵已经精确地指出过，它乃是"一种奇特的混合，夹杂着一贯的好客和天生的猜疑、形式的文明和实质的粗野、虚幻的顺从和真正的偏执"。这种性格贯穿于所有跟朝廷相关的各部，虽然会因各部长官的个人性格而稍有变化。至于我们那种与众不同的、真正高雅的礼仪，是不可能期望于东方的。这只要证诸他们所习惯的对待女性的态度就够了。虽然各部长官每天都在不同的议事场合相逢，偶尔也舍弃那种生硬而正式的官腔，在朝廷上却循规蹈矩，一丝不苟，那种做作和客套就像从未见过面似的。我们的那两位同僚朋友王大人和乔大人在官里相见，按照帝国的礼仪，互相屈膝问候，那模样在我们看来极其荒谬可笑。

这些人虽然有时也在一起宴饮交际，我却相当怀疑他们之间会有任何程度的亲密关系。我们那两位可贵的居停主人在广州②碰到一位老熟人，福建省某市的知府。他在河里的一艘花舫上招待他俩，我也被私下邀请了。一进船舱，我就看到三位先生身边各有一位衣着华丽的年轻姑娘，脸颊、嘴

---

① 节选部分参考[英]约翰·巴罗著，李国庆、欧阳少春译《我看乾隆盛世》(*Travels in China*，北京：北京图书馆出版社，2007年)中文译本：第141—152页、第163—168页，"第五章　宫廷生活"。——译者注

② 今广东。

唇和下巴都抹了浓浓的胭脂，其余的脸蛋和脖子涂了白粉①。为表示欢迎，每个姑娘都敬了我一杯热酒。筵席十分丰盛，菜肴品种之多是我至那时为止尚未在中国之旅中所见到过的。席间，这些姑娘吹笛吟唱，但是无论歌词还是乐器都没有什么可爱的。整个夜宴无拘无束，但是在散席之时，王大人特别叮嘱我不要谈论任何所见所闻。我猜想他是担心同僚会责怪他们不谨慎，让一个蛮夷见证了他们道德自律的松弛。那条花舫和姑娘似乎是特地雇来的。

[……]

除了上述庆典之外，为了社稷，皇帝很少在他子民中的汉人前露面。这点以后还会讨论。即使在上述庆典之中，他的活动也仅限于皇宫之内，平民是完全被隔离在外的。按照他们的节俭法规，皇帝居所的外观一点也谈不上壮丽辉煌。构成皇宫的殿宇以及其中的家具，如果略去那些彩绘、琉璃瓦和油漆不论，看上去跟平民的屋宇一样，同样缺少多余而昂贵的装饰。传教士和一些旅行家曾津津乐道北京和圆明园②的宫殿多么宏伟壮丽。谁要是信以为真，那么一经目睹就会大失所望。这些宫殿跟该园的普通民居一样，全都是按照帐篷的式样设计的。所谓的壮观只是相对而言，就数量而言；其数量之多的确可以自成一个小镇。它们的墙比普通民居的高，它们的木柱更粗，屋顶更大，不同的部分使用不同的油漆和彩瓦。可是它们没有一幢超过一层，又被简陋的小屋杂乱无章地簇拥着。

---

① 涂在皮肤上的蜡质、油状制剂。
② 圆明园在1860年第二次鸦片战争期间被英国人洗劫一空。

第三部分　近代文化接触

有些作者说过，英格兰国王居住的圣詹姆斯宫比欧洲任何君主的都差。在我看来，跟中国的皇家宫苑相比，圣詹姆斯宫总体上虽然逊色，其卧室、家具以及生活设施，还是大大地好过中国的。不错，中国宫殿的石头或黏土地面有的铺了英国绒面呢地毯，但是窗户没有玻璃，没有火炉、壁炉，也没有炉栅；室内没有沙发、书桌、吊灯，也没有镜子；没有书架、印刷品，也没有油画。他们的床上既没有帷幔也没有床单。一张木椅，或是坐落在一个凹室里的砖砌平台，根据季节，铺上席子和褥子，硬枕头或靠垫，就是全部卧具了。它们通常不用门，而是用竹丝编的屏风来代替。一句话，法国君主时代凡尔赛宫廷大臣的破旧居所，跟中国皇帝拨给其首相在京城和圆明园的住处相比，简直就是豪华的宫殿了。

在庆典时节，诸官上朝，各自在单独的小室里吃饭。一张小方桌，堆了一碗碗米饭和各种菜肴。没有桌布或餐巾，没有刀叉或汤匙；一双小棍或者豪猪刺，就替代了所有这些用具。把碗端到下巴底下，用这两根棍把米饭拨进嘴里，从汤碗或菜碗里捞肉片。孤独地吃完饭，一般就躺下来小憩。在一个像中国这样猜疑重重的朝廷里，如果熟人聚在一起，会被猜疑为别有图谋，尽管事实上他们的相互嫉妒和猜疑使得一切合谋皆不可能。

因为对中国人所要求的侮辱性礼仪俯首顺从，加上始终居留在京城，荷兰使团比英国使团有更多的机会观察朝廷的礼仪和娱乐，所以我在此就利用该使团中一位年轻先生所记下的相关部分。他所记的是新年大典，其观察的准确性是可以信赖的。马戛尔尼勋爵大人慷慨地允许我从他的记载中，摘录了他所描述的觐见和万寿大典。以上两种，再加上我自己在圆明园的观察，就应该能相当完整地反映中国大皇帝的威严、兴趣和娱乐了。

"9月14日，"勋爵大人写道，"清晨4点，我们由王大人和乔大人护送，骑马出发去上朝。行了约一个小时多一点，距我们下榻之处约三英里之遥，在园门口下马。然后，我们步行前往皇家营地，被带到一座为我们准备的巨大而华丽的帐篷。它位于皇帝的大幄一侧。在那儿等了大约一小时，鼓乐齐鸣，宣告皇帝驾到。于是我们出帐，在绿地毯上迎接。他坐一架由16人抬的无盖肩舆，被扛着旗幡、伞盖的官员簇拥着。他经过之时，我们跪下一条腿致敬，所有的中国人则都按惯例拜倒在地。一等他登上御座，我就趋前到了他的大幄入口，双手捧着盛英王信函的镶钻大金匣，昂首挺胸步上御座的阶梯，把它交在皇帝手中。皇帝接过去，递给了首相，后者把它置于一锦垫之上。皇帝交给我他给予英王陛下的第一件礼物，一柄如意（Eu-shee），即和平与昌盛的象征，并表示希望吾王和他应当永远和睦相处。那是一种白白的玛瑙似的玉石，也许是蛇纹石吧，约一英尺半长，精雕细琢，极为中国人所珍视。但是在我看来，它本身并无多大价值。

随后皇帝给了我一柄绿色而弯曲的玉如意，也具有同样的象征意义。他也欣然接受了我的一对漂亮的镶钻珐琅表，看过之后就递给了首相。

乔治·斯当东爵士——他的头衔是全权公使，在我死亡或不在的情况下代行职责，我就是这样向皇帝介绍的——这时走上前来，像我刚做过的那样，单腿下跪行了礼，然后呈上两支精致的气枪，也接到了皇帝所赠的一柄相似的绿玉如意。与此同时，其他礼物被送交我使团的所有成员。我们从御座的阶梯上下来，在皇帝左侧的一张桌子旁坐下。这时，鞑靼王公和满汉大臣按照级别，也纷纷在其他桌子就座。他们都穿着相应级别的朝服。桌子的罩幔掀开，露出了丰盛的山珍海味。皇帝从他自己桌上的菜肴中选了几样送给我们，附带一些烈酒。中国人称它为果酒，但却不是葡萄酿造的，而是从米、香草和蜂蜜蒸馏或提炼出来的。

大约半小时之后，他派人唤乔治·斯当东和我前去，亲手给了我们每人一杯热酒。我们当即一饮而尽，感觉非常愉快和舒服，因为这天早晨阴沉而寒冷。他问了些话，比如吾王的年纪。听了回答之后，他说希望吾王也能跟他一样长寿。他那时是83岁。他的神态庄严，但是彬彬有礼，和蔼可亲。他对我们的接见非常亲切礼貌，令人愉快。

宴席进行得有条不紊。典礼的每一个环节都是在鸦雀无声的庄严肃穆中进行的，在某种程度上类似于一种宗教性的秘密仪式。

出席这个大典的有3位来自塔兹（Ta-tze），即勃固[①]的使臣，还有6位来自西南卡尔梅克[②]的穆斯林使臣。在持续了5个小时的典礼当中，皇帝大幄遥对的地方上演了多种多样的节目，如摔跤、筋斗、走索和戏剧之类。

9月17日是皇帝的寿辰。我们在清晨3点就出发了，由王大人和乔大人引导，伴着通常的侍从人员。在万树园入口处的一个大帐篷里歇息了约两个小时，用了水果、茶、热牛

---

① 源自缅甸的古老术语。
② 可能是指卡尔梅克，一个蒙古族人聚居地，如今分别归属于俄罗斯、蒙古国和中国。

奶和其他点心。最后来了通知，说大典即将开始。我们立刻进园，看到所有的满汉王公大臣都身着官服，在御幄前列队。皇帝并未露面，而是隐身在一座屏风之后。我猜想他这么做为的是既可以看见和享受典礼，又可避免不便和打扰。众人的目光都注视着想象中皇帝陛下所在的宝座，似乎迫不及待要开始这一天的祝颂。缓缓地，庄严的丝竹、沉闷的鼓乐、浑厚的锣鸣从远处升起。蓦地，鼓乐俱息，万籁无声。然后它们再次响起，穿插着短暂的停息。与此同时，有一些人来来回回在大幄前的舞台上忙碌，似乎在准备什么戏剧性的行动。

最终，大乐队，包括声乐和器乐，同时以全力发出和谐的轰鸣，广场上众人立即齐刷刷地面对这位隐而不见的尼不甲尼撒，匍匐在地 [……]

此歌或许可以被视为一种生日颂歌，或者是国歌，其反复表达的意思是'地上的万民，低下你的头，低下你的头，叩拜伟大的乾隆，伟大的乾隆'。当时在场的众人，除了我们，都低下了头，随着歌声的重复一次次匍匐在地。我相信，这天早晨向中国皇帝陛下的幻影所表达的崇拜和敬仰，是无论古代还是现代的宗教仪式都无法相比的。这就是根据朝廷礼仪，每年庆祝皇帝寿辰的情形。这一整天里我们都没见到他，也没有任何大臣去见他；我这是猜想，因为他们跟我们是同时进退的。

典礼之后，皇帝派了首相和一些大臣陪我们游览御花园。我们在一座宫殿里用了各式点心小吃、水果蜜饯、牛奶冰茶之后，有一批人抬着黄盒子列队走来。我们被告知说，盒里盛的是皇帝赐给我们的绸缎和瓷器。他们经过时我们频频鞠躬致谢。我们还观看了中国木偶戏,那跟英国的几乎没什么两样。有一出说的是一个受难的公主被困在一座城堡里、一个侠客打败了野兽和龙,解救了她并跟她成婚的故事,以及婚礼庆宴、马上比武、格斗竞技之类的场面。还有一出滑稽剧,其中一些主要角色类似 Punch 和他的妻子……中国官员说,这出木偶戏本是专供内宫女眷看的,作为特别的恩典送出来给我们观赏。其中有一场受到陪同诸官员的大声喝彩,我想它一定是宫廷里最受欢迎的一个节目了。

9月18日早晨,我们再次上朝,受皇帝之请去观赏中国戏剧和其他庆贺万寿的节目。戏剧表演从8点开始,一直演到中午。皇帝坐在御座上,面对舞台。而舞台有一大块前伸至乐池部分。舞台两侧的观众席既无座位也无间隔。女客在上层就座,前有纱帘遮挡,以便她们既可以欣赏演出又不被人看见。

到达不久,皇帝就派人来请斯当东爵士和我去见他,极其和蔼地对我们说,我们不该为看到他这样年纪还看戏而惊讶。其实他因为疆域辽阔,百姓众多,很少有闲享受这样的娱乐。我在答话当中曾努力引导话题到我们此来的使命上去,但是他似乎不愿深谈,而是给了我一个小小的旧漆盒,盒中是几件玛瑙和别的玉石,皆是汉人和鞑靼人所极为珍视的。其上是一本小册子,由他亲手所书所画。他要我把它们转交给吾王陛下,作为友谊的纪念,说这个盒子是他家800年相传的旧物。同时他也给了我一本小册子,也是由他亲手写绘的,再加上几个槟榔荷包。他同样也给了乔治·斯当东爵士一个类似的荷包,又送给使团其他成员一些小礼物。随后,一些绸缎和瓷器被分赠给满蒙亲王和朝廷大臣。虽然这些东西似乎没什么价值,他们却是以最大的谦恭和感激之情来领受的。

戏剧表演品种多样,既有喜剧也有悲剧。有几部是接连上演的,而情节并无明确的联系。一些是历史故事,另一些则全然虚构;部分是吟诵,部分是吟唱,还有部分则全然是道白,没有任何器乐相伴,皆为战斗、谋杀和其他戏剧中常见的情节。最后一场大戏赢得了满堂喝彩,因而我以为它代表了最高的创作水平。就我所能理解的看来,它反映的是沧海和大地的婚姻。后者展示了她丰富多彩的物产,包括龙、象、虎、鹰、鸵鸟、橡树、松树和其他奇花异草。沧海也不甘示弱,往舞台上倾泻了他的宝藏,诸如鲸鱼、海豚、海象和其他海兽,以及船舶、礁石、贝壳、海绵和珊瑚。一切都是由演员装扮的,演得惟妙惟肖,令人叹为观止。这两大族类先分别在舞台上绕着圈子舞了好久一阵,最终合成一体,来到舞台前部。变换了几番花样之后,分左右雁行排开,让出前场给那条鲸鱼。它似乎是它们的总指挥。它蹒跚着前行,在正对着皇帝御座包厢的位置站定,张开大口,向舞台前端的凹坑里吐出成吨的水来。这些水很快便消失于地上的孔眼里。这一喷水表演赢得了最热烈的掌声。我身边的两三个大人让我特别注意这一幕,同时反复喊道:"好!真好!"①

下午1点差8分时我们散了,4点又回到行宫,观看晚上的演出。那是在草地上举行的,背靠一座大帐篷,或称大幄。我们就是在那里面第一次觐见皇帝的。今天皇帝在我们到达之后不久就到了,登上御座之后便示意开始。这一次是

---

① 更精确的英文翻译应该是"good, even better"(好,更好)。

第三部分　近代文化接触

摔跤、舞蹈、筋斗之类的表演，在我们看来非常笨拙和生硬，因为演员都身着中国服装，与此相配必不可少的是一双后跟有一英寸之厚的大靴子。不过那些摔跤手似乎都技艺精湛，像是从角力学校（Palaestra）①出来的佼佼者。

一个童子爬上一根有三四十英尺高的杆子，在顶上玩了几个花样，以各种姿势稳住身子。不过他的技艺不如我经常在印度所看到的同类表演。

[……]

最后的节目是烟火。在某些方面，它超过了我们曾经见过的任何一种。虽然在壮观、辉煌和多样性方面不及我们在巴达维亚所见过的中国烟火，在奇思妙想、匠心独具上却绝对是无与伦比的。特别令我赞叹的是这样一件装置：一个5英尺见方的绿盒子，由滑轮吊到离地面五六十英尺高的空中，盒底突然打开，释放出二三十串灯笼。每个灯笼里都有一点色彩绚丽的火焰在燃烧，依次展开之后形成一簇至少有500只灯笼组成的灯海。这种灯笼在我看来是用薄纱和纸糊成的。这样的灯笼串展示重复了好几次，每次的色彩和图案都不相同。这个大盒子的四周又有相应的小盒，以同样的方式释放出浓密的烟火，交织出或方、或圆，或六角、八角和菱形的图案，一个个都流光溢彩，耀眼夺目。在我看来，多彩多姿确实就是中国烟火的长处。烟火展示的扛轴之作是万花筒，也就是万花齐放。一时间，天上星月齐辉，地上万炮齐鸣，空中百花共舞，在万树园上空留下一团缭绕的烟雾，一小时之后才散尽。在观看表演的过程中，皇帝陛下叫人送来各色

---

① 古希腊或罗马观看摔跤的场所。

点心。虽然我们刚刚才吃过饭,朝廷的礼仪却要求我们把它们都分食了,因为这是皇帝陛下的赏赐。

中国宫廷最优秀的娱乐似乎主要也就是我所描述的这些,加上当天早上那些拙劣的戏剧。但是,不管我们如何不屑于这个朝廷的状况和品味,都得承认全部演出的总体效果中自有壮观威严之处。皇帝陛下面对舞台,端坐在御座之上,所有的文武大臣都身着礼服,在两侧依序排开,或立,或坐,或跪,无数的侍卫和仪仗站于身后。全场自始至终一片肃静,听不见一声随意的谈笑。"

以上就是皇帝的万寿庆典期间,英国使团在满洲鞑靼地区的热河①行宫中所受到的接见和招待……

只有不顾事实和失去理智的人,才有可能赞美北京宫廷娱乐的高雅和精致。那些源于鞑靼人的节目,无法跟勇敢的古罗马人在圆形竞技场上所展示的高尚的力量和敏捷的竞赛相比,只能跟中国为人所称道的柔和、但又比同类的欧洲节目更精巧和合理的一般戏剧并列了。不错,我们知道罗马帝国衰落时期的舞台表演跟中国的一样粗糙野蛮。一开场他们也在宏大的舞台上展示奇特而美妙的自然风物。森林中百鸟齐鸣,岩洞里虎豹出没,平原上狮、象、犀牛、鸵鸟以及其他珍禽异兽漫游,就如非洲原野那样。这一切被同时带进了竞技场。如果大地的丰饶还不足以令人满意,那大海也必须进贡。于是竞技场被改造成一片汪洋。最终,大地和海洋结为一体,制造了一场万物的竞争,实在可以跟中国的媲美。

---

① 承德,当时又称热河,位于今中国河北省内,清朝皇帝的夏季行宫所在地。

第三部分 近代文化接触

据拉丁诗人卡尔普尔尼乌斯①的描述:

"林间猛兽不得擅美,
海牛与披毛戴角的共同搏斗,
而海马也展开了奇形怪状的竞赛。"

简而言之,目前的中国娱乐绝大部分显然十分幼稚,或者说是十分低级和粗俗。相比之下,英国乡村小镇集会上所演的木偶戏可以被认为是更精致、更有趣和更合理的。在魔术、杂技、走索、骑术和体操等方面,他们极大地落后于欧洲人;但是在烟花的多彩多姿上,他们大约可以居世界之冠。在所有其他方面,中国首都的娱乐似乎都不足称道;同样的还有宫廷的那种伪装的严肃庄重和一般民众的文明状态。

老皇帝很少观赏这种娱乐节目,就像他告诉马戛尔尼勋爵的那样。事实也是,考虑到本朝统治的方方面面,这个帝国的辽阔疆域和几乎数不清的子民,他一定是朝惕夕虑,日夜操劳;而过去的四个君王也一定耗费了他们所有的时间、精力和才干,以保证取得超越前朝历代的无与伦比的丰功伟绩。83岁的乾隆毫无一丝龙钟老态,有着一个身体健壮、精神矍铄的60岁之人的外表。他的眼睛漆黑,目光锐利,鼻子鹰钩,即使在如此高龄,面色仍相当红润。我估计他身高约5英尺9寸,腰板极其挺拔。虽然83岁的他既不算肥胖也不算强壮,但不难看出他曾经有过一副强壮的体魄。他的精力充沛,一生的操劳都没能令其衰弱。像所有的满族鞑靼

---

① 卡尔普尔尼乌斯(Titus Calpurnius Siculus),约活动于公元1世纪前后,古罗马诗人之一,留有七首诗歌,多为以自然为主题的田园诗。——译者注

人一样，他热爱狩猎，从不错过每年夏季举行的操练。他有射箭能手的美名，只稍逊于祖父康熙，后者在其遗书中夸耀说，他可以拉开150磅的硬弓。

他头脑的活力和思维的敏捷也不逊于他的身体。他心思缜密，行事果断，所以似乎无往不胜。他善良爱民，就像在所有面对臣民的场合所显示的那样。他在灾荒时期减免赋税，救济饥民，同时对他的敌人睚眦必报，残酷无情。急躁而固执，有时候使他断事偏颇，处罚过严。他的暴躁脾气曾经给自己造成了深重的痛苦，据说那件事给他心灵留下的创伤从未完全愈合。

在统治的中期，他去自己帝国的中部作了一次巡察。在苏州府（Sau-tchoo-foo），他看中了一个才貌双绝的女子，有意带回京城去。苏州的美女天下闻名，通常都是从婴儿时买来，调教之后再卖给富人之家。皇后通过一个太监得知皇帝有了新欢，害怕今后失宠，郁郁不乐，几天之后便以一条白绫自尽了。皇帝听到这个伤心的消息十分沮丧，立即返京。他的一个儿子，非常可爱的一个年轻人，担心招致父亲的不快，不知道在迎见他时穿什么服装才合适。如果穿哀悼母亲的丧服有可能冒犯父亲，因为是他导致了母亲的自尽；要是穿官服则有违于守母丧的礼制。他就此两难处境请教自己的老师。老师像一个真正的中国人那样，劝告他把两种都穿上。他遵教而行，不幸的是把丧服穿在了官服之下。此时的乾隆一片爱心又回到了过世的皇后身上，深悼其命运的不幸，一见面前的儿子没有服丧，便认定是不孝，恼怒之下，猛踢了一脚。很不幸，这一脚踢在了儿子身上的一个要害部位，叫他痛苦了几天，最终证明乃是致命的一脚。

第三部分　近代文化接触

　　他另外四个活下来的儿子从未分享到他的信任或权力。在他晚年，宠幸和大权集于首相和中堂①一身。他笃信宗教，每天早上都要礼佛。登基之初他立下过誓言，如果上天保佑，让他主政满一个甲子，即60年，他就会自动引退，让位给下一位继承人。在大功告成之时②，他严格地履行了自己的誓言。他的信仰之虔诚可以部分地从他在远东鞑靼地区捐赠修建的，数目众多、宏伟壮观的寺庙推断出来。热河的布达拉，即佛僧修道之处，就是其中最可观的一处。据说由于真的有幸如此长久亲政，他晚年自诩是喇嘛或佛在人间的化身。

　　[……]

　　直到病危，他还是不管冬夏，每天凌晨3点即起。他一般先服用一些有兴奋作用的食物来补胃，再去他的庙里礼佛。此后他阅览大臣的奏折。这是一些文武大臣分别从各自的衙所直接送呈御览的，而不是通常送交六部的那种。在7点左右，他饮用早点，有茶、酒和甜食，同时跟首相商讨国事，在正式的朝议之前就重大事务下达指示。接下来便是早朝，通常有阁老，即六部大臣和其他朝廷大员出席。在11点钟又吃一次点心。公务之后，他或是去内宫散心，或是在御苑内散步。通常在3点与4点之间吃晚饭，饭后回到自己寝宫，读书写作直至就寝。一般以日落为准，很少例外。

　　[……]

　　乾隆在1796年2月执政满60年之后退位，把中国的御座让给了他第15个儿子，即目前的嘉庆。他死于1799年2月，享寿89岁。

---

① 和珅（1750—1799），乾隆皇帝的宠臣，在乾隆死后因腐败和背叛为嘉庆所杀。
② 出于对其祖父康熙的尊重，乾隆于1796年在位六十年时退位，三年后去世。

8

历史辩证法：格奥尔格·黑格尔

格奥尔格·威廉·弗里德里希·黑格尔（1770—1831）是启蒙运动中期最雄心勃勃和富有系统性的思想家之一，也是欧洲思想史上最重要的人物之一，他的思想深刻地影响了年轻的卡尔·马克思，从而间接地影响了中国迈向现代化并最终走上共产主义道路的可歌可泣的历史。

1822—1830年（黑格尔逝世的前一年），他在德国海德堡大学所开展的一系列关于历史发展的讲座，反映出他看待历史的方式，即追求一种科学的、目的论的轨迹，在这种轨迹中，国家最终成为理性和人类意志的最高表达。黑格尔将研究重心转移到欧洲，认为欧洲国家与美国是使人类自由和自我实现得到最充分表达的政治模式的典范。这种唯心主义观认为"东方模式"（黑格尔语）是前途渺茫的。黑格尔的著作涉及波斯、印度、中国、罗马和希腊，以及中世纪国家地位的发展。他特别强调家庭的至高无上性，这一点在马克斯·韦伯的著作中得到了体现，也得到了中国现代社会学之父费孝通的证实。

  黑格尔关于中国的著作之所以引人入胜,是因为其结合了对第一次鸦片战争中,即将与西方现代性和军事优势全面交锋的清朝的间接观察。他的思想表明,他判断中国的历史发展落后且停滞——这与约翰·巴罗的作品如出一辙,但在措辞和内容上二者大相径庭。他的理论框架主要基于他本人构建的辩证唯物主义,下文摘录章节在文风上颇为鲜明又言辞凿凿。尽管持有批判性立场,黑格尔仍在著作中大量论及中国,笔下也带着对中国应有的尊重和亲和。

第三部分　近代文化接触

节选自《历史哲学》[①]

　　历史必须从中华帝国说起，因为根据史书的记载，中国实在是最古老的国家；它的原则又具有那一种实体性，所以它既然是最古的、同时又是最新的帝国。中国很早就已经进展到了它今日的情状；但是因为它客观的存在和主观运动之间仍然缺少一种对峙，所以无从发生任何变化，一种终古如此的固定的东西代替了一种真正的历史的东西。中国和印度可以说还在世界历史的局外，而只是预期着、等待着若干因素的结合，然后才能够得到活泼生动的进步。客观性和主观自由的那种统一已经全然消弭了两者间的对峙，因此，物质便无从取得自己反省，无从取得主观性。所以"实体的东西"以道德的身份出现，因此，它的统治并不是个人的识见，而是君主的专制政体。

　　中国"历史作家"的层出不穷、继续不断，实在是任何民族所比不上的。其他亚细亚人民虽然也有远古的传说，但是没有真正的"历史"。印度的《四吠陀经》并非历史。阿剌伯的传说固然极古，但是没有关于一个国家和它的发展。这一种国家只在中国才有，而且它曾经特殊地出现。中国的传

[①] 节选部分采参考［德］黑格尔著，王造时译《历史哲学》(*The Philosophy of History*，上海：上海书店出版社，2006年）中文译本：第110—117页，第122—123页，第128页，"第一篇　中国"（第一部分　东方世界）。——译者注

说可以上溯到基督降生前三千年；中国的典籍《书经》①，叙事是从唐尧的时代开始的，它的时代在基督前二千三百五十七年。这里不妨说明的就是，亚细亚的其他王国也是十分古老。据一位英国作家的推算，例如埃及历史，可以上溯到基督前二千二百零七年，亚述历史为二千二百二十一年，印度历史为二千二百零四年。东方主要各国的传说一般大约都可以上溯到基督出世前二千三百年。

[……]

中国人存有若干古代的典籍，读了可以绎出他们的历史、宪法和宗教。《四吠陀经》和《摩西记录》是相同的文书；荷马的诗篇也是相同。中国人把这些文书都称为"经"②，做他们一切学术研究的基础。《书经》包含他们的历史，叙述古帝王的政府，并且载有各帝王所制定的律令。《易经》③多是图像，一向被看作是中国文字的根据和中国思想的基本。这书是从一元和二元种种抽象观念开始，然后讨论到附属于这些抽象的思想形式的实质的存在。最后是《诗经》④，这是一部最古的诗集，诗章的格调是各各不同的。古中国的高级官吏有着一种职务，就是要采集所辖封邑中每年编制的歌咏，带去参加常年的祭礼。天子当场评判这些诗章，凡是入选的便为人人所赞赏。这些典籍便是中国历史、风俗和法律的基础。

这个帝国早就吸引了欧洲人的注意，虽然他们所听到的

---

① 《书经》是我国第一部从上古时代至周朝的文献汇编，为"五经"之一。
② "经"的其中一种释义为"经典"或"圣书"。
③ 《易经》。
④ 《诗经》，中国最早的诗歌总集，收录自西周初年至春秋中叶的诗歌305篇，也是"五经"之一。

一切，都是渺茫难凭。这个帝国自己产生出来，跟外界似乎毫无关系，这是永远令人惊异的。

十三世纪有一位威尼斯人叫做马哥·孛罗①，他首先到那里去探寻，但是他的报告曾经被看做是荒诞无稽。到了后来，他所称关于中国幅员和伟大的每一件事都完全被证实了。据最低的估计，中国有人口一万五千万，另一估计作为二万万，而最高的估计增加到了三万万②。它的疆土自极北起，绵延到了南方和印度相接壤；东部为巨大无际的太平洋所限制，西部伸展到波斯和里海。中国本部呈现人口过剩的现象。在黄河和长江上，都有亿万的人民居在竹筏上面，能够适应他们那种生活方式的一切需要。

这种人口数量和那个国家规定的无所不包的严密组织，实在使欧洲人为之咋舌；而尤其使人惊叹的，便是他们历史著作的精细正确。因为在中国，历史家的位置是被列入最高级的公卿之中的。大臣二名常常追随在天子的左右，他们的职务便是记录天子的一言一动，历史家便研究了这些记录而加以运用。这种历史的详细节目，我们用不着深入考究，因为这种历史本身既然没表现出有何进展，只会阻碍我们历史的进步。他们的历史追溯到极古，是以伏羲氏③为文化的散播者、开化中国的鼻祖。据说他生存在基督前第二十九世纪——所以是在《书经》所称唐尧以前；但是中国的史家把神话的和史前的事实也都算做完全的历史。

---

① 即本书中的马可·波罗。——译者注
② 黑格尔提供的数据大体上是准确的。1800—1900年间，清朝的人口数从三亿增加到四亿左右。
③ 伏羲，中国神话中的传奇人物，被认为与女娲一起创造了人类。

中国历史的第一个区域是在西北部——中国本部——黄河从那里的山巅发源；因为直到稍后的一个时期，中华帝国才向南方进展，而达到长江。在这种历史开始叙述的时代，人类还生活在野蛮的状态之中，那就是说在森林之中，吃的是果实，穿的是兽皮。人与人间并没有公认的一定法则。据称伏羲氏教人建筑居室；他又教人明了四季的顺序变迁，从事于物物的交换和贸易；他规定了婚姻；他教给人："道"是"天"所授的；又教人养蚕、造桥和役使牛马。中国历史家对于这些制作的起源，各人有各人的说法，而且彼此大有出入。历史的进程就是这种文化的向南推进，以及一个国家和一个政府的创始。这样逐渐形成的巨大帝国不久便分裂成为许多邦国，互相交战不息，随后又团结为一个"全体"。中国的朝代屡经变更，现在执政的一朝通常指为第二十二朝。各个朝代既然这般一起一落，所以国内就有许多的旧京、故都。南京曾经有一个长时期作为国都，如今是北京[①]，早先又是其他不同的城市。

中国被迫和鞑靼人打了许多的仗，后者并且深入到过中国。秦始皇[②]建筑长城——这一向被认为是一种最惊人的成就——用来防范北方游牧民族的侵入。秦始皇分天下为三十六郡，而尤其是以攻击古文（特别是历史书籍和一般历史研究）著名于后世。他这样做，为的是要打算把以前各个朝代的记忆都消灭掉，他自己的社稷因此可以更加巩固起来。历史书籍既然被搜集起来，全给烧掉了，成百的文人、儒士就逃入深山，以便保全剩余下来的书籍。凡是被秦始皇捕获

[①] 中国封建王朝实施过迁都。明朝最初于1368年定都南京，15世纪初将都城迁到北京。
[②] 中国的第一个皇帝，秦始皇（公元前259—前210）。

第三部分 近代文化接触

的文人、儒士，都遭到了和书籍相同的劫运。这次焚书得了到处相同的结果，就是那些重要的典籍仍然被保全了。①

中国和西方的第一次联系是在西历纪元六十四年。据说当时有一位中国皇帝派了钦差去访西方的圣人。二十年后，据说有一位中国将军远到犹太②。在西历八世纪的初叶，说是有第一批的基督徒到了中国，并且有碑石遗迹为后世游历中国的人所亲目看到过。西历一一〇〇年，据说中国得了西鞑靼人的帮助并吞了中国北部的一个叫做辽东的鞑靼王国。可是这次胜利反而给了这些鞑靼人进据中国的机会。在同样的情形下，中国人又引进了满洲人，双方在十六和十七世纪曾经屡次交战，结果是满洲人夺得了皇帝的宝座，成立了当今这个朝代。然而这个新朝代不能使国内有什么变更，这和早先蒙古人在一二八一年克服中国后的情形并没有两样。居在中国的满洲人必须遵守中国的法律，研究中国的学术。

现在让我们从中国历史上的这些年月日，转而探索那终古无变的宪法的"精神"。这个，我们可以从那条普通的原则——实体的"精神"和个人的精神的统一中演绎出来；但是这种原则就是"家庭的精神"，它在这里普及于世界上人口最多的国家。在发展的这个阶段上，我们无从发见"主

---

① "焚书坑儒"，即焚烧书籍和坑杀四百多名儒生的行为发生在公元前221年。关于此事的主要资料来源是两个多世纪后司马迁所著的《史记》。关于司马迁的记载是否受到了自身所处朝代（即汉朝）的影响，即否定和诋毁秦朝，存在一些疑问。
② 根据更现代的学术研究，一个叫作甘阳的官员"被派去执行一项任务，其唯一目的是与罗马帝国建立外交关系。但这发生于公元97年。资料来源是中国的记录。在罗马的记录中没有。见李丰，《早期中国的社会历史文化史》，剑桥：剑桥大学出版社，2013年，第281页。

观性"的因素；这种主观性就是个人意志的自己反省和"实体"（就是消灭个人意志的权力）成为对峙；也就是明白认识那种权力是和它自己的主要存在为一体，并且知道它自己在那权力里面是自由的。那种普遍的意志径从个人的行动中表现它的行动：个人全然没有认识自己和那个实体是相对峙的，个人还没有把"实体"看作是一种和它自己站在相对地位的权力——例如在犹太教内，那个"热心的上帝"作为"个人"的否定，是大家所知道的。在中国，那个"普遍的意志"直接命令个人应该做些什么。个人敬谨服从，相应地放弃了他的反省和独立。假如他不服从，假如他这样等于和他的实际生命相分离，那末，在这番分离之后，他既然不反求他自己的人格，他所受的刑罚也就不致于影响他的内在性，而只影响他外在的生存。所以这个国家的总体固然缺少主观性的因素，同时它在臣民的意见里又缺乏一种基础。"实体"简直只是一个人——皇帝——他的法律造成一切的意见。

　　话虽如此，这样漠视意见并不含有任性，因为有任性就有意见——就是主观性和移动性，而是只有那个普遍的东西、那个实体，才有价值；那个实体仍然非常坚硬刚强，和其他一切都不相同。

　　因此，这种关系表现得更加切实而且更加符合它的观念的，便是家庭的关系。中国纯粹建筑在这一种道德的结合上，国家的特性便是客观的"家庭孝敬"。中国人把自己看作是属于他们家庭的，而同时又是国家的儿女。……《书经》内列举五种义务，都是庄严而且不变的根本关系（五常）：

第三部分　近代文化接触

一、君臣；二、父子；三、兄弟；四、夫妇：五、朋友。① 这里不妨随便提到的，"五"这个数目，中国人把它当做基本数目，就像我们的"三"那样屡见不鲜。他们有五种天然的元素（五行）——空气、水、土、金和木。他们承认天有四方和一中心。凡建筑祭坛的神圣场所，都有四个坛和正中的一个坛。

家庭的义务具有绝对的拘束力，而且是被法律订入和规定了的。父亲走进房内时，儿子不得跟入；他必须在门侧鹄立，没有得到他父亲的准许不得离开。父亲死后，儿子必须哀伤三年，不近酒肉。他经营的业务必须停止，就是国家的官职也不得不辞去引退。甚至方才承继大统的天子在三年期内也不得亲政。守丧期间，家庭中不得有婚嫁的事情。只有五十岁的人居丧可以比较从宽，使他不致哀毁过甚，伤及身体。上了六十岁的人更加可以从宽，而七十岁以上的人就仅仅以丧服颜色为限。

对于母亲的恭敬，和对于父亲相同。英国使臣马卡特尼见清朝皇帝时，皇帝已经六十八岁了（中国人以六十年为一花甲），可是他每天还步行到他的母亲那里去请安，行孝敬之礼。② 元旦朝贺并须向皇太后朝贺；就是皇帝本人也必须先向他的母亲行礼后，才可以接受百官的朝贺；皇太后可以随时告诫她的儿子。凡是关于皇室的一切上谕，都用她的名字颁行。儿子的德行不归于他本人，而归于他的父亲。有一次，

---

① 五伦，为儒家伦理原则的五种德目，一般指君臣、父子、夫妇、兄弟、朋友等人与人之间合宜的相处关系。——译者注
② 此处有误。乾隆1793年会见英国代表团时八十三岁，但他的母亲孝圣宪皇后于1777年去世。

宰相请皇帝封谥宰相的父亲，皇帝发出一条谕旨，内称："方邦国之灾也，尔父实赈谷以济饥黎，何其仁也！方邦国之危也，尔父实奋身以相护持，何其忠也！邦国以政事委诸尔父，而法令修明，四邻辑睦，乾纲以振，何其敏也！朕今谥之曰：仁忠敏慧。"这里归于父亲的一切德行，都是儿子所做的。照这个办法（这和我们的风俗恰巧相反），祖宗靠他们的后嗣取得了光荣的尊号。但是和这相对待的，就是子孙如果犯有错误，家长（一家之主）就得负责；各种义务都是从下而上，绝少自上而下的。

[……]

这种家族的基础也是"宪法"的基础。因为皇帝虽然站在政治机构的顶尖上，具有君主的权限，但是他像严父那样行使他的权限。他便是大家长，国人首先必须尊敬他。他在宗教事件和学术方面都是至尊——这个后面当详加论列。做皇帝的这种严父般的关心以及他的臣民的精神——他们像孩童一般不敢越出家族的伦理原则，也不能够自行取得独立的和公民的自由——使全体成为一个帝国，它的行政管理和社会约法，是道德的，同时又是完全不含诗意的——就是理智的、没有自由的"理性"和"想象"。

天子应该享有最高度的崇敬。他因为地位的关系，不得不亲自处理政事；虽然有司法衙门的帮助，他必须亲自知道并且指导全国的立法事务。他的职权虽然大，但是他没有行使他个人意志的余地；因为他的随时督察固然必要，全部行政却以国中许多古训为准则。所以各个皇子的教育，都遵照最严格的规程。他们的体格要用有纪律的生活来锻炼强健，从能说话、学步的年龄起，他们便须专攻学术。他们的学业是由皇帝亲自来监督的,他们很早就知道,天子是一国之主,所以他们的言行举止都应该做百姓的榜样。各皇子每年须受一次考试,事后有一个详细的报告公布,使得对他们深为关心的全国上下统统知道。因此,中国能够得到最伟大、最优秀的执政者,"所罗门的智慧"这句话可以用在他们身上;现在的清朝特别以它的精神和身体的灵活著名。自芬乃龙所著的《太里马格》行世以来,关于君主和君主教育的理想不知有多少,这一切理想都在中国实现了。欧洲不能产生什么所罗门的。①

中国正是这种政府适当的场所,而且有这种需要;因为全国臣民的公正、福利和安宁,都依靠这种责任政治的锁链上的第一环的牢固坚强。天子的行为举止,据说是最高度地简单、自然、高贵和近于人情的。他在言行上都没有一种骄傲的沉默或者可憎的自大,他在生活中,时刻意识到他自己的尊严,而对于他从小就经过训练必须遵守的皇帝义务,他随时要加以执行。除掉皇帝的尊严以外,中国臣民中可以说没有特殊阶级,没有贵族;只有皇室后裔和公卿儿孙才享有一种特权,但是这个与其说是由于门阀,不如说是地位的关系。其余都是人人一律平律,只有才能胜任的人做得行政官吏,因此,国家公职都由最有才智和学问的人充当。所以他国每每把中国当作一种理想的标准,就是我们也可以拿它来做模范的。

第二桩应加考虑的事情是帝国的行政管理。我们不能够说中国有一种宪法;因为假如有宪法,那末,各个人和各个

---

① 指的是任人唯贤的制度,也是在某种程度上仍然存在于当代中国的制度。

团体将有独立的权利——一部分关于他们的特殊利益，一部分关于整个国家。但是这里并没有这一种因素，所以我们只能谈谈中国的行政。在中国，实际上人人是绝对平等的，所有的一切差别，都和行政连带发生，任何人都能够在政府中取得高位，只要他具有才能。中国人既然是一律平等，又没有任何自由，所以政府的形式必然是专制主义。在我们西方，大家只有在法律之前和在对于私产的相互尊重上，才是平等的；但是我们同时又有许多利益和特殊权限，因为我们具有我们所谓自由，所以这些权益都得到保障。在中华帝国内就不同了，这种特殊利益是不被考虑的，政令是出于皇帝一人，由他任命一批官吏来治理政事。

[……]

这里我们便要讨论中国的宗教方面。在家族制度的情形下，人类宗教上的造诣只是简单的德性和行善。"绝对的东西"本身一部分被看作是这种行善的抽象、简单的规则——永久的公正；一部分被看作是肯定它的那种权力。除掉在这些简单的形态以外，自然世界对人类的一切关系、主观情绪的一切要求，都是完全被抹杀、漠视的。中国人在大家长的专制政体下，并不需要和"最高的存在"有这样的联系，因为这样的联系已经包罗在教育、道德和礼制的法律以及皇帝的命令和行政当中了。天子是一国的元首，也是宗教的教主。结果，宗教在中国简直是"国教"。这种国家宗教和喇嘛教的区别不可以不明了。喇嘛教并没有发展成为一个国家，它所包含的宗教是一种自由的、精神的、大公无私的意识。所以中国的宗教，不是我们所谓的宗教。因为我们所谓宗教，是指"精神"退回到了自身之内，专事想象它自己的主要的

第三部分 近代文化接触

性质，它自己的最内在的"存在"。在这种场合，人便从他和国家的关系中抽身而出，终究能够在这种退隐中，使得他自己从世俗政府的权力下解放出来。但是在中国就不是如此，宗教并没有发达到这种程度，因为真正的信仰，只有潜退自修的个人、能够独立生存而不依赖任何外界的强迫权力的个人，才能具有。在中国，个人并没有这一种独立性，所以在宗教方面，他也是依赖的，是依赖自然界的各种对象，其中最崇高的便是物质的上天。一年四季，农产的丰歉都靠着上天。皇帝是万姓的主宰——权力的依据——只有他是接近上天的；至于各个人民并没有这种特权。四季祭祀上天的人是他；秋收率领百官谢天的人是他；春耕求天保佑赐福的人也是他。这里的"天"如果作为"自然的主宰"来讲（例如我们也说："上天保佑我们！"），也可以比做我们所谓的"上帝"；但是这样一种关系还在中国人思想范围之外，因为在中国，那惟一的、孤立的自我意识便是那个实体的东西，就是皇帝本人，也就是"权威"。因此，"天"只有"自然"的意义。耶稣会教士顺从了中国的称呼，把基督教的上帝叫做"天"[①]；但是因为这个缘故，他们被其他基督教派上控到了教皇那儿。教皇于是派了一位红衣主教到中国来，这位红衣主教便死在中国[②]。后来又派了一位主教，规定"天"应该是用"天主"这个名词才对。人与天的关系也是这样想象的，百姓和皇帝的行为善良，可以得福，假如多行不义，就会招致各种的灾祸。中国宗教含有以人事影响天然的那种巫术的成

[①] 当代汉语拼音中所指的"天"。
[②] 没有这样的红衣主教被派往明朝或清朝。但此处指的可能是圣方济各·沙勿略，而下一句中提到的可能是利玛窦。

分，就是认为人的行为绝对地决定了事情的途径。假如皇帝仁善，必然会有丰年;"天"一定降福的。这种宗教的第二方面，就是对于"天"的关系通常总同皇帝本人相连，同时他又操持着"天"的各种专责。这就是百姓和地方上的特别福利。各省都有一位尊神隶属皇帝之下，因为皇帝所礼敬的只是那位普遍的天尊，至于上界的其他神灵都应该遵守他的法律。因此他便成了皇天和后土的正当立法者。

[……]

第三部分　近代文化接触

9

对帝国的同情：卡尔·马克思

迄今为止，德国经济学家和政治哲学家卡尔·马克思（1818—1883）对现代中国的影响最为深远。自1949年以来，他的著作一直是中国共产党执政思想和理念的源泉。然而，出人意料的是，他在著作中对中国的论述远不如黑格尔或莱布尼茨那样系统。马克思在《资本论》（*Das Kapital*）和《经济学手稿》（*Grundrisse*）以及其他重要著作中只零星地提到了清代中国，仅在19世纪五六十年代，为赚取稿酬在《纽约每日论坛报》上连续发表与中国有关的文章。

马克思撰稿之时正值第二次鸦片战争爆发。他对此做出了理性的解读——战争的爆发与中国无关，而是由于二十年前第一次鸦片战争后于1842年签订的《南京条约》并没有给英国带来预期的回报。英国非但没有打开潜力巨大的中国市场，反而迎来了日益严重的贸易逆差，人们逐渐意识到，被马克思称为"天朝上国"的中国消费者极度"节俭"，基本无力购买英国工业生产的成品服装和商品。马克思认为，1856—1860年的第二次鸦片战争在很大程度上是一场注定发生的战争，因为英国人对这种贸易逆差日渐沮丧，尽管英国政府辩称这场战争是由于中国违反了《南京条约》在先。

马克思基于大量的统计数据，以尖锐的言辞探讨了诸多无人问津的话题。当代中国与美国和欧洲之间仍然存在着巨大的贸易失衡——尽管经济学家们对于这种失衡可能产生的实际经济影响莫衷一是，但这种失衡的规模之大足以造成政治问题。在马克思的著作中，中国是某种全球体系的一部分，这个体系还涉及印度、澳大利亚等国家，而中国是不可或缺的成员。同时，对于英国人利用鸦片贩运作为增加对华贸易主要手段的恶行，马克思同样嗤之以鼻。最重要的是，这种恶行在中国人的集体记忆中留下了巨大的污点。然而，关于中国，马克思未曾言及但同时也是最重要的一件事是——中国很有可能在未来的全球秩序中占据不可替代的一席之地，与资本主义国家一较高下，并成为共产主义事业的最重要载体。这是因为他没有预见到，像中国这样一个缺乏严格意义上的城市无产阶级或重工业的国家，会发生像英国那样的工人革命。马克思逝世之后一个半世纪的历史发展进程证明，他的某些判断是错误的。

第三部分　近代文化接触

节选自《马克思恩格斯论中国》(1853—1860)[①]

对华贸易：1859年12月3日[②]

过去有个时候，曾经流行过一种十分虚妄的见解，以为天朝帝国"大门被冲开"一定会大大促进美国和英国的商业；当时我们曾根据对本世纪初以来中国对外贸易所作的较详尽的考察指出，这些奢望是没有可靠根据的。我们曾认为，除我们已证明与西方工业品销售成反比的鸦片贸易之外，妨碍对华出口贸易迅速扩大的主要因素，是那个依靠小农业与家庭工业相结合而存在的中国社会经济结构。为了证实我们以前的论断，现在可以援引题为《关于额尔金伯爵赴华赴日特别使命的函件》的蓝皮书[③]。

每当亚洲各国的什么地方对输入商品的实际需求与设想

[①] 节选部分参考[德]马克思、恩格斯著，中共中央马克思恩格斯列宁斯大林著作编译局编译《马克思恩格斯论中国》(北京：人民出版社，2018年)中文译本：第111—115页，卡·马克思"对华贸易"；第106—110页，卡·马克思"新的对华战争"；第51—55页，卡·马克思"英人在华的残暴行动"。——译者注

[②] 英文参见卡尔·马克思，《对华贸易》("Trade with China")，《纽约每日论坛报》(*New-York Daily Tribune*)，1859年12月3日。

[③] 詹姆斯·布鲁斯(James Bruce，1811—1863)，第八代额尔金伯爵，殖民地行政官，其职业生涯包括担任印度总督和加拿大总督，他于1857—1858年出使日本和中国，在此期间，由于第二次鸦片战争的爆发以及对广州的轰炸，他成功签署了《天津条约》，促使中国开放了更多对外通商口岸。他在英国于1860年下令洗劫颐和园时起到了推波助澜的作用，这一事件至今仍印在中国的屈辱史上。这个蓝皮书是额尔金在19世纪50年代末保留下来的远东旅行的叙述，并已出版。

的需求——设想的需求大多是根据新市场的大小、当地人口的多寡,以及某些重要的口岸外货销售情况等表面资料推算出来的——不相符时,急于扩大贸易地域的商人们就极易于把自己的失望归咎于野蛮政府所设置的人为障碍在作梗,因此可以用强力清除这些障碍。正是这种错觉,在我们这个时代里,使得英国商人拼命支持每一个许诺以海盗式的侵略强迫野蛮人缔结通商条约的大臣。这样一来,假想中对外贸易从中国当局方面遇到的人为障碍,事实上便构成了在商界人士眼中能为对天朝帝国施加的一切暴行辩护的极好借口。额尔金勋爵的蓝皮书中所包含的宝贵材料,将会使一切没有成见的人大大消除这些危险的错觉。

蓝皮书中附有1852年广州的一位英国官员米切尔先生致乔治·文翰爵士的报告书。我们现在从这份报告书中摘录如下的一段:

"我们与这个国家(中国)①的通商条约充分生效至今(1852年)已将近10年。每一个可能设想的障碍都已清除,1 000英里长的新海岸已对我们开放,新的商埠已经在紧靠生产地区之处和沿海最方便的地点建立起来。但是,就我们所预期的对我国工业品消费数量的增加而论,其结果又怎样呢?老实说来结果就是:经过10年以后,商业部的表报告诉我们,亨利·璞鼎查②爵士在1843年签订补充条约③时所

---

① 指的是1842年签订的《南京条约》,表面上是为了让清朝进一步开放国际贸易。
② 即亨利·波廷格爵士(Sir Henry Pottinger, 1789—1856),中将,1843年成为首任英国驻香港总督(1843—1844)。
③ 指《南京条约》的补充条约,即《虎门条约》。——译者注

见到的当时的贸易量，较之他的条约本身在1850年底给我们带来的还要大些〈！〉——这里是就我们本国制造的工业品而论的，我们本国制造的工业品是我们现在所考虑的唯一问题。"

米切尔先生承认，自从1842年条约①订立以来，几乎完全是以白银交换鸦片的中印贸易，已经大大发展。但即使是对于这种贸易，他也还补充说：

"它从1834年到1844年的发展，与从1844年到现在的发展，速度是相同的，而在后一个时期内，可以认为它是在条约的保护之下进行的。另一方面，从商业部的表报上，我们看到一件非常突出的事实，即1850年底我们向中国出口的工业品，同1844年底相比，几乎减少了75万英镑。"

[……]

现在我们把这些数字与据米切尔说1843年为175万英镑的中国对英国工业品的需求额比较一下，就可以看出，在最近九年内，英国的输出，有五年远远低于1843年的水平，而1854年只有1843年的10/17。米切尔先生首先用一些看来过于笼统而不能确切证明任何具体事物的理由来解释这一惊人的事实。他说：

---

① 指《南京条约》。——译者注

"中国人的习惯是这样节俭、这样因循守旧，甚至他们穿的衣服都完全是以前他们祖先所穿过的。这就是说，他们除了必不可少的以外，不论卖给他们的东西多么便宜，他们一概不要。""一个靠劳动为生的中国人，一件新衣至少要穿上三年，而且在这个期间还要能经得住干最粗的粗活时的磨损，不然他们是添置不起的。而像那样的衣服所用的棉花，至少要相当于我们运到中国去的最重的棉织品所用棉花重量的三倍，换句话说，它的重量必须相当于我们能运到中国去的最重的粗斜纹布和平布重量的三倍。"

没有需要以及对传统服式的偏爱，这些是文明商业在一切新市场上都要遇到的障碍。至于粗斜纹布的厚度和强度，难道英国和美国的制造商不能使他们的产品适合中国人的特殊需要吗？这里我们就接触到问题的症结了。1844年，米切尔先生曾将各种质料的土布样品寄到英国去，并且注明其价格。同他通信的人告诉他，按照他所开列的价格，他们在曼彻斯特不能生产那种布匹，更不能把它运往中国。为什么世界上最先进的工厂制度生产出的产品，售价竟不能比最原始的织机上用手工织出的布更低廉呢？我们上面已经指出过的那种小农业与家庭工业的结合，解答了这个谜。我们再来引述米切尔先生的话吧：

"在收获完毕以后，农家所有的人手，不分老少，都一齐去梳棉、纺纱和织布；他们就用这种家庭自织的料子，一种粗重而结实、经得起两三年粗穿的布料，来缝制自己的衣服；而将余下来的拿到附近城镇去卖，城镇的小店主就收购这种土布来供应城镇居民及河上的船民。这个国家十分之九的人都穿这种手织的衣料,其质地各不相同,从最粗的粗棉布到最细的本色布都有,全都是在农家生产出来的,生产者所用的成本简直只有原料的价值,或者毋宁说只有他交换原料所用的自家生产的糖的价值。我们的制造商只要稍稍思索一下这种做法的令人赞叹的节俭性,以及它与农民其他活路的可以说是巧妙的穿插配合,就会一目了然,以粗布而论,他们是没有任何希望与之竞争的。每一个富裕的农家都有织布机,世界各国也许只有中国有这个特点。在所有别的国家,人们只限于梳棉和纺纱——到此为止,而把纺成的棉纱送交专门的织工去织成布匹。只有节俭的中国人才一干到底。中国人不但梳棉和纺纱,而且还依靠自己的妻女和雇工的帮助,自己织布;他的生产并不以仅仅供给自己家庭的需要为限,而且是以生产一定数量的布匹供应附近城镇及河上船民作为他那一季工作的一个主要部分。

因此,福建的农民不单单是一个农民,他既是庄稼汉又是工业生产者。他生产布匹,除原料的成本外,简直不费分文。如前所说,他是在自己家里经自己的妻女和雇工的手而生产这种布匹的;既不要额外的劳力,又不费特别的时间。在他的庄稼正在生长时,在收获完毕以后,以及在无法进行户外劳动的雨天,他就让他家里的人们纺纱织布。总之,一年到头一有可利用的空余时间,这个家庭工业的典型代表就去干他的事,生产一些有用的东西。"

下面是额尔金勋爵对他溯航长江时所见到的农民的描述,可以看做是对米切尔先生的记载的补充:

"我所看到的情形使我相信,中国农民一般说来过着丰衣足食和心满意足的生活。我曾竭力从他们那里获取关于他们的土地面积、土地占有性质、他们必须交纳的税金以及诸如此类的精确资料,虽所得无几,我已得出这样的结论:他们大都拥有极有限的从皇帝那里得来的完全私有的土地,每年须交纳一定的不算过高的税金;这些有利情况,再加上他们特别刻苦耐劳,就能充分满足他们衣食方面的简单需要。"

　　正是这种农业与手工业的结合,过去长期阻挡了而且现时仍然妨碍着英国商品输往东印度。但在东印度,那种农业与手工业的结合是以一种特殊的土地所有制为基础的。而英国人凭着自己作为当地最高地主的地位,能够破坏这种土地所有制,从而强使一部分印度自给自足的公社变成纯粹的农场,生产鸦片、棉花、靛青、大麻之类的原料来和英国货交换。在中国,英国人还没有能够行使这种权力,将来也未必能做到这一点。

英人对华的新远征:1859年10月18日[①]

　　我在以前的一篇通讯[②]中断言,白河冲突[③]并非出于偶然,

[①] 卡尔·马克思,《新的对华战争》("The New Chinese War"),《纽约每日论坛报》(*New-York Daily Tribune*),1859年10月18日。

[②] 卡尔·马克思,《另一场文明之战》("Another Civilisation War"),《纽约每日论坛报》(*New-York Daily Tribune*),1859年10月。

[③] 海河,联结北京和天津,流入渤海。1858年,英法联军在此攻占了大沽炮台,这是第二次鸦片战争的一个关键时刻。

第三部分 近代文化接触

相反，是由额尔金勋爵事先策划的。他遵照帕麦斯顿的秘密训令行事，并把当时是反对派领袖的高贵子爵的这套计划算到托利党外交大臣马姆兹伯里勋爵的账上①。现在首先，中国的"意外事件"是由出自现任英国首相之手的"训令"所造成这一看法，决不是新的看法，早在辩论划艇战争②时，一位非常了解情况的人士——迪斯累里③先生——已经向下院作过这样的暗示，而且说也奇怪，竟为一位非常权威的人士——帕麦斯顿勋爵本人——所确认。1857年2月3日，迪斯累里先生曾用以下的话警告下院说：

"我不能不相信，在中国发生的事件并不是产生于据称的那种原因，实际上产生于相当长时间之前从国内收到的训令。如果情况是这样，我觉得现在下院要是不认真考虑一个问题，那就有背自己的职守。这个问题就是：下院有没有方法控制住一种在我看来保持下去会危害我国利益的制度。"

帕麦斯顿勋爵非常冷静地回答道：

"这位尊敬的先生说，事变进程似乎是国内政府预定的某种制度的结果。毫无疑问确是如此。"

---

① 亨利·约翰·坦普尔（Henry John Temple, 1784—1865），第三代帕默斯顿子爵，1859—1865年任英国首相。詹姆斯·哈里斯（James Harris），马姆兹伯里第三伯爵，1858—1859年任外交部长。
② 第二次鸦片战争有时也叫"亚罗战争"，因为英法以"亚罗号"事件为借口挑起了这场战争。
③ Benjamin Disraeli（1804—1881）（又译作本杰明·迪斯雷利——译者注），1868年任英国首相，1874—1880年鸦片战争期间任英国财政大臣。

现在，我们约略地看一下题为《关于额尔金伯爵赴华赴日特别使命的函件。1857—1859年》的蓝皮书就会知道，6月25日在白河发生的事件，额尔金勋爵在3月2日就已经有所预示了。在前述《函件》第484页，我们找到下面两封快函：

"额尔金伯爵致海军少将西马糜各厘爵士①

         1859年3月2日于怒涛号战舰

爵士阁下：兹就我于上月17日致阁下之快函向阁下谨陈：我以为，女王陛下政府就英国公使常驻北京问题所做之决定——此决定我在昨日之谈话中已告知阁下——或许可能促使中国政府在女王陛下代表前往北京交换天津条约批准书时给以适宜之接待。同时，毋庸置疑，此种可能亦有落空之虞。无论如何，我以为，女王陛下政府将愿意我国公使前往天津时有一支大军护送。据此，敢请阁下考虑，既然普鲁斯先生抵华之期不会延迟过久，是否宜在上海尽速集结一批足够之炮艇以作此用。

  顺颂……

              额尔金-金卡丁"

"马姆兹伯里伯爵致额尔金伯爵

          1859年5月2日于外交部

---

① Sir Michael Seymour（1802—1887）（又译作迈克尔·西摩爵士——译者注），英国海军在中国和东印度群岛的总司令，参与了引发第二次鸦片战争的"亚罗号"事件。

第三部分　近代文化接触

　　勋爵阁下：阁下1859年3月7日快函已收到。现通知阁下，女王陛下政府同意阁下随函抄附的关于通知中国钦差大臣谓女王陛下政府将不坚持女王陛下公使常驻北京的照会。

　　女王陛下政府对阁下业已建议西马糜各厘海军少将在上海集结一批炮艇，以便护送普鲁斯先生上驶白河一事，亦表赞同。

马姆兹伯里"

　　可见，额尔金勋爵事先就知道英国政府"将愿意"用由"炮艇"组成的"一支大军"护送他的弟弟普鲁斯先生上驶白河，而且他曾命令海军少将西马糜各厘准备好一切"以作此用"。马姆兹伯里伯爵在他5月2日的快函中，赞同了额尔金勋爵对海军少将提出的建议。全部信函表明额尔金勋爵是主人，马姆兹伯里勋爵是仆从。额尔金勋爵总是采取主动，根据原来从帕麦斯顿那里得到的训令行事，甚至不等待唐宁街的新训令；而马姆兹伯里却心甘情愿地去满足他那傲慢的僚属暗中强加给他的"意愿"。额尔金说条约还没有批准，他们无权进入中国的任何江河，他点头称是；额尔金认为在执行条约中有关公使驻京条款的问题上，他们对中国人应持较多的容忍态度，他点头称是；额尔金直接违反自己过去讲过的话而声称有权用一支"由炮艇组成的大舰队"强行通过白河时，他也毫无难色地点头称是。他的点头称是，和道勃雷对教堂司事的提议点头称是一模一样。①

---

① 指莎士比亚《无事生非》(*Much Ado About Nothing*)中的喜剧人物道勃雷(Dogberry)，他在认为小偷已被抓住时，命令一个司事官写下对他们的审问。

如果回想一下托利党内阁上台时伦敦《泰晤士报》及其他有势力的报纸所发出的叫喊，那么马姆兹伯里伯爵所显露出的那副可怜相和他的卑恭态度就容易理解了。这些报纸说托利党内阁的上台，对于额尔金勋爵遵照帕麦斯顿的指示而行将在中国取得的辉煌成就是严重的威胁；说托利党政府即使只是为了怄气，为了证明他们对帕麦斯顿炮轰广州事件投不信任票的正确性，也很可能要破坏这个成就。马姆兹伯里自己被这种叫喊吓住了。何况在他心目中还铭记着埃伦伯勒勋爵①的命运。埃伦伯勒勋爵敢于公然抵制高贵的子爵对印度的政策，为了酬答他的爱国勇气，他自己在德比内阁②中的同僚竟把他做了牺牲品。因此，马姆兹伯里就把全部主动权交到了额尔金手里，结果使额尔金能够执行帕麦斯顿的计划，而将责任推卸给帕麦斯顿的官场敌手——托利党。正是这种情况现在使托利党人在对白河事件应采取何种对策这一点上处于很尴尬的两难境地。他们必须要么和帕麦斯顿一同鼓吹战争，从而使他继续当政；要么抛弃他们在最近一次意大利战争③期间曾经令人作呕地拼命吹捧的这位马姆兹伯里。

因为迫在眉睫的第三次对华战争并不受英国商界方面的欢迎，所以这个抉择更令人头痛了。在1857年，商界曾跨上不列颠狮子，因为他们当时指望从强迫开放的中国市场获得巨大的商业利润。现在却相反，眼见已经到手的条约果实

---

① 爱德华·劳（Edward Law，1790—1871），第一代埃伦伯勒伯爵，保守派政治家，1842—1844年任英国驻印度总督。
② 埃德温·史密斯－斯坦利（Edwin Smith-Stanley），第14任德比伯爵，1858—1859年担任英国首相。
③ 第二次意大利独立战争，1859年爆发。

第三部分 近代文化接触

忽然从他们手里被夺走,他们感到愤怒了。他们知道,即使不发生会使局势进一步复杂化的大规模对华战争,欧洲和印度的形势看来也已经够严重的了。他们没有忘记,在1857年茶叶进口量减少了2 400多万磅,这种商品几乎完全是从广州输出的,而当时广州正好是唯一的战场。因此他们担心,这种因战争而妨碍贸易的现象,现在可能扩展到上海和天朝帝国的其他通商口岸。可是英国人在为鸦片走私的利益发动了第一次对华战争、为保护海盗划艇进行了第二次对华战争之后,为达到一个高潮,就只有在公使常驻首都这个使中国十分为难的问题上,再来一次对华战争了。

* * *

虽然马克思对鸦片战争起源的分析将整个事件归结为经济原因,认为这场战争是不可避免的,但他对英国行径的批评也是合乎道义的。因此,1949年中华人民共和国成立后,中国政府将英方的行为定义为残暴掠夺,而马克思是这一立场的先驱。

* * *

英人在华的残暴行动,1857年4月10日[①]

几年以前,当在印度施行的可怕的刑讯制度在议会中被揭露的时候,极可尊敬的东印度公司的董事之一詹姆斯·霍

---

① 卡尔·马克思,《英人在华的残暴行动》("Whose Atrocities?"),《纽约先驱论坛报》(*New-York Daily Tribune*),1857年4月10日。

格①爵士曾厚颜无耻地硬说这种说法是没有根据的。可是后来的调查证明，这种说法有事实作根据，而且这些事实对东印度公司的董事们来说应当是十分清楚的。因此，詹姆斯爵士对于东印度公司被指控的那些可怕的事情，只有或者承认是"有意不闻"，或者承认是"明知故纵"。看来，英国现任首相帕麦斯顿勋爵和外交大臣克拉伦登②伯爵现在也处于同样的窘境。首相在市长不久前举行的宴会上的演说中，企图为施于中国人的残暴行为进行辩护，他说：

"如果政府在这件事情上赞同采取无理的行动，毫无疑问，它走的就是一条应受议会和全国谴责的道路。但是相反，我们深信这些行动是必需的和至关重要的。我们认为，我国受到了严重的欺凌。我们认为，我国同胞在地球的遥远地方遭到了种种侮辱、迫害和暴虐，对此我们不能默不作声。（喝彩声）我们认为，我国根据条约应享有的权利已遭到破坏，而在当地负责保护我国在世界那个地区利益的人员，不仅有理由而且有义务尽量利用他们所能采取的手段来表示对这些暴行的义愤。我们认为，如果我们不赞同采取那些在我们看来是正确的，而且我们设身处地也会认为自己有责任采取的行动，那我们就是辜负了我国同胞对我们所寄予的信任。（喝彩声）"

---

① 詹姆斯·霍格爵士（Sir James Hogg, 1790—1876），英国第一男爵，1839年当选为东印度公司董事，1858年当选为主席，1847—1857年担任英国国会议员。
② 克拉伦登第四伯爵乔治·维利尔斯（George Villiers, 1800—1870），1853—1858年任英国外交部部长。

第三部分　近代文化接触

但是，无论英国人民和全世界怎样为这些讲得头头是道的解释所欺骗，勋爵大人自己肯定不会相信这些解释的真实性，要是他认为这些都是真的，那就暴露出他是有意不去了解真实情况，同"明知故纵"几乎同样是不可原谅的。自从英国人在中国采取军事行动的第一个消息传来以后，英国政府报纸和一部分美国报刊就连篇累牍地对中国人进行了大量的斥责，大肆攻击中国人违背条约的义务、侮辱英国的国旗、羞辱旅居中国的外国人，如此等等。可是，除了亚罗号划艇事件以外，它们举不出一个明确的罪名，举不出一件事实来证实这些指责。而且就连这个事件的实情也被议会中的花言巧语歪曲得面目全非，以至使那些真正想弄清这个问题真相的人深受其误。

亚罗号划艇是一只中国小船，船员都是中国人，但是为几个英国人所雇用。这只船曾经取得暂时悬挂英国国旗航行的执照，可是在所谓的"侮辱事件"发生以前，这张执照就已经满期了。据说，这只船曾被用来偷运私盐，船上有几名歹徒——中国的海盗和走私贩，当局早就因为他们是惯犯而在设法缉捕。当这只船不挂任何旗帜下帆停泊在广州城外时，缉私水师得知这些罪犯就在船上，便逮捕了他们。要是我们的港口警察知道附近某一只本国船或外国船上隐匿水贼和走私贩，也一定会这样做的。可是因为这次逮捕妨碍了货主的商务，船长就向英国领事控告。这位领事是个就职不久的年轻人，据我们了解是一个性情暴躁的人。他亲自跑到船上，同只是履行自己职责的缉私水师大吵大闹，结果一无所得。随后他急忙返回领事馆，用命令式的口吻向两广总督提出书面要求：放回被捕者并道歉，同时致书香港的约翰·包令[①]爵士和海军将军西马縻各厘，说什么他和英国国旗遭到了不可容忍的侮辱，并且相当明显地暗示说，期待已久的向广州来一次示威的良机到来了。

叶总督[②]有礼貌地、心平气和地答复了激动的年轻英国领事的蛮横要求。他说明捕人的理由，并对因此而引起的误会表示遗憾。同时他断然否认有丝毫侮辱英国国旗的意图，而且送回了水手，因为尽管这些人是依法逮捕的，但他不愿为拘留他们而招致这样严重的误会。然而这一切并没有使巴夏礼[③]领事先生感到满意，他坚持要求正式道歉和以隆重礼节送回被捕者，否则叶总督必须承担一切后果。接着西马縻各厘将军率领英国舰队抵达，旋即开始了另一轮公函往来：海军将军态度蛮横，大肆恫吓，中国总督则心平气和、冷静沉着、彬彬有礼。西马縻各厘将军要求在广州城内当面会商。叶总督说，这违反先例，而且乔治·文翰爵士[④]曾答应不提这种要求。如果有必要，他愿意按照常例在城外会晤，或者采取其他不违反中国习惯与相沿已久的礼节的方式来满足将军的愿望。但是这一切都未能使这位英国强权在东方的好战的代表称心如意。

这场极端不义的战争就是根据上面简单叙述的理由而进行的——现在向英国人民提出的官方报告完全证实了这

---

① 宝宁爵士（Sir John Bowring, 1792—1872），1854—1859 年任第四任英国驻香港总督。
② 叶名琛（1807—1859），1852 年至去世前任清政府广东巡抚。
③ 巴夏礼（Harry Parkes, 1828—1885），英国外交官，1856 年"亚罗号"事件期间代理英国驻广东领事一职。
④ Sir Samuel Bonham（1803—1863）（又称文咸爵士——译者注），1848—1854 年任第三任英国驻香港总督。

种叙述。广州城的无辜居民和安居乐业的商人惨遭屠杀，他们的住宅被炮火夷为平地，人权横遭侵犯，这一切都是在"中国人的挑衅行为危及英国人的生命和财产"这种站不住脚的借口下发生的！英国政府和英国人民——至少那些愿意弄清这个问题的人们——都知道这些非难是多么虚伪和空洞。有人企图转移对主要问题的追究，给公众造成一个印象：似乎在亚罗号划艇事件以前就有大量的伤害行为足以构成开战的理由。可是这些不分青红皂白的说法是毫无根据的。英国人控告中国人一桩，中国人至少可以控告英国人九十九桩。

英国报纸对于旅居中国的外国人在英国庇护下每天所干的破坏条约的可恶行为真是讳莫如深！非法的鸦片贸易年年靠摧残人命和败坏道德来填满英国国库的事情，我们一点也听不到。外国人经常贿赂下级官吏而使中国政府失去在商品进出口方面的合法收入的事情，我们一点也听不到。对那些被卖到秘鲁沿岸去当不如牛马的奴隶、被卖到古巴去当契约奴隶的受骗契约华工横施暴行"以至杀害"的情形，我们一点也听不到。外国人常常欺凌性情柔弱的中国人的情形以及这些外国人带到各通商口岸去的伤风败俗的弊病，我们一点也听不到。我们所以听不到这一切以及更多得多的情况，首先是因为在中国以外的大多数人很少关心这个国家的社会和道德状况；其次是因为按照精明和谨慎的原则不宜讨论那些不能带来钱财的问题。因此，坐在家里而眼光不超出自己买茶叶的杂货店的英国人，完全可以把政府和报纸塞给公众的一切胡说吞咽下去。

与此同时，在中国，压抑着的、鸦片战争时燃起的仇英火种，爆发成了任何和平和友好的表示都未必能扑灭的愤怒烈火。为了在华传播基督教、为了与中国通商，我们最好不要蹚这趟浑水，也不要让中国人认为西方各国都在联合起来反华。

10

边疆际遇：古伯察

埃瓦里斯特·雷吉斯·胡克（1813—1860），更广为人知的名字是古伯察神父，在加入法国遣使会两年后，于1839年被派往中国。古伯察在澳门学习了一段时间的中文后，经广东到达北京。沿途之上，他穿着当地风格的衣服，并将头发编成辫子，这是清代统治者对所有臣民个人服饰的典型要求。他甚至还用颜料染黄了皮肤。借助伪装，古伯察从北京出发一路北上到达今内蒙古地区，那里聚居着一群被道光皇帝（1820—1850年在位）迫害的基督徒。从此地出发，古伯察在另一位神父秦噶哔的陪同下，进行了一次史诗般的旅程，穿越鄂尔多斯沙漠，经甘肃，渡黄河，最终于1846年到达西藏——这是自1812年英国汉学家托马斯·曼宁①以来再一次有欧洲人进入拉萨。他们在拉萨只停留了六个星期，后被清廷官员驱逐出境。古伯察最终返回欧洲，于1850年出版了他的回忆录，最初的法

---

① 托马斯·曼宁（Thomas Manning，1772—1840），第一个来到中国拉萨的英国人。——译者注

语版以及后来的英语版和其他欧洲语言版本都广受欢迎，书中第一章摘录如下。古伯察本人对中国保持着浓厚的兴趣，在他于 1860 年去世前，又陆续撰写了关于中国基督教历史的《在支那、鞑靼国和吐蕃的基督教》(Christianity in China, Tartary and Tibet)，以及其他有关中国文化、思想和社会的作品。

  对于当代读者而言，古伯察游记最引人注意的是它的有些描述含糊不清。他笔下的名词和关键地名与当今中国领土的物理空间构成并不完全一致。这也提醒我们，在历史上，"中国"并非一个一成不变的实体。与岛国日本不同，中国的领土上虽有带防御功能的青藏高原和西北荒漠地区，但其疆界并没有天然屏障。因此，古伯察途经的是一个他称之为鞑靼的地方以及另外一个名为西藏的地方，但这两个地方似乎与今天的鞑靼和西藏毫无关联。古伯察的鞑靼之旅主要位于今天的内蒙古自治区内，但当时的内蒙古与今天的迥然相异，其人口大多为游牧民族，定居点稀少，彼此间相距很远，且缺乏中央政府的有效和有序治理。直到 19 世纪末，清朝其他地区的汉人才开始大规模地迁徙至此。今天，非蒙古族人占内蒙古自治区总人口的 80% 以上，辽阔的内蒙古草原不再像 19 世纪 40 年代那样荒远偏僻、无人居住。在西方人对东方的想象中，西藏是一个举足轻重的地方，是一个与清廷有着复杂宗主关系的地方——行政上基本自治，文化上近乎独立，但与清廷又存在着特定的政治联系。鉴于此，古伯察笔下的西藏与今天的西藏大相径庭，只有一些蛛丝马迹似可印证。但这些印迹仍然在西方人的想象中盛行，尽管它们在现实世界中已不复存在。

  《鞑靼西藏旅行记》(1844—1846) 详尽地描述了古伯察在中国的冒险旅程，也完美地呈现了 20 世纪伟大汉学家李约瑟所谓的"他者"（至少对一个欧洲人来说是这样）——中国。经过爱德华·萨义德[①]的进一步批判和诠释,"他者"这一术语逐渐演变成了"东方主义"现象。然而,阅读古伯察的游记可以让人感受到,一个拥有另外一种世界观的欧洲人,在这些他试图使之皈依的中国人身上,以及他们的生活方式和传统中发现了许多值得钦佩的地方。虽然古伯察从未在书中明确表露,但这种隐晦的欣赏贯穿于全书。从这个意义上说,他例证了另一位20世纪汉学家李克曼的观点:那些在任何程度上与另一种文化接触的人最终会为其所改变。古伯察对中国人的钦敬遭到了其他遣使会成员的批评,认为他的作品过于同情中国人的信仰体系和世界观。他们更倾向于相信内蒙古少数民族和作为外来定居者的汉族之间起初关系紧张——这种紧张在近一百八十年之后已所存依稀。

[①] 爱德华·沃第尔·萨义德(Edward Waefie Said,1935—2003),著名文学理论家与批评家,以提出"东方主义"为世人所知。——编者注

节选自《鞑靼西藏旅行记》(1844—1846)[①]

从前在鞑靼——满族王朝前几代皇帝时代曾非常繁荣兴旺的法国北京传教区,已由于嘉庆帝[②]的多次仇教而遭到破坏和几乎崩溃了。传教士们都遭逐或被处死。所以,当法国第一批遣使会会士们重新出现在北京时,他们仅仅发现了传教区的残余和废墟。大批基督徒为了摆脱中国当局的追捕都越过了长城,前往鞑靼沙漠中去寻求少许和平与自由,依靠蒙古人允许他们耕种的几片土地为生。传教士们经过艰苦不懈的努力,最终把这些溃散的基督徒们重新聚集起来,并从那里领导已交由几名汉人遣使会士直接管理的北京传教区。法国的传教士们不能像过去那样冒险定居于帝国京师内了。因为他们在京师的存在可能会危及这个刚刚复兴的传教区的前途。

我不止一次地前往草地,拜访生活在蒙古地区的中国基督徒,因而有机会远足旅行。有时还去蒙古人的帐篷中略坐片刻。一旦当我认识了这一游牧民族,我就非常喜欢他们,从内心深处感到了一种强烈愿望。我从此之后便把自己的全部余暇用于学习鞑靼语。在1842年间,教廷终于满足了我们的最高愿望,把蒙古地区升为宗座代牧区。

[①] 节选部分参考[法]古伯察著,耿昇译《鞑靼西藏旅行记》(*Travels in Tartary, Thibet and China, During the Years 1844–1846*,北京:中国藏学出版社,2012年,2版)中文译本:第1—8页,第10—15页,第18—21页,"第一章"。——译者注

[②] 嘉庆皇帝(1760—1820),1796—1820年在位。

第三部分　近代文化接触

　　大约在1844年初，西湾子的信使到来了，那里是中国的一个小基督教会口，蒙古的宗座代牧主教就将其主教住院设在那里。西湾子本身就是一个村庄，位于长城以北，距离宣化①一天的路程。这名修道院长给我们送来了有关我们正准备从事的这次长途旅行的教谕。我们这次旅行的目的是研究鞑靼人的特征和风俗习惯；如果可能的话，那么也要研究宗座代牧区的范围和区限。我们很久以来就在筹划的这次旅行最终被定下来了。我们派遣了一名新近受归化的年轻喇嘛，去寻回我们已寄养在奈曼旗②牧场中的几头骆驼。在等待他返回来的期间，我匆匆忙忙地完成了那些蒙文著作，我在一段时间内一直在忙于撰写这批著作。

　　我的那些有关祈祷和教理的小书完全准备就绪了。我们那名青年喇嘛尚未出现。不过我认为他绝不会迟到。因此，我们便离开了黑水川③前往咧咧沟去等待他。我们觉得这后一个驿站更有利于我们进行旅行的准备工作。但时光在毫无结果的等待中流逝了。秋天的寒意已开始使人感到有些刺骨。我们非常害怕在冬季的严寒中开始于鞑靼沙漠中奔驰。因此，我们决定派人去寻找我们的骆驼和那名喇嘛。一名好心的传道员也是一个善于探险和健步如飞的人，他登程出发了。此人于约定的日子返回了。他的寻找几乎没有任何后果。他仅仅从一名鞑靼人那里获悉，我们的那名喇嘛在数日前就离开，并以为我们已把那些牲畜赶回来了。所以，当我们的这名使者获悉没有任何人出现时，该是多大的惊讶啊！他说：

---

① 宣化，张家口市的一个城区，距北京东南180千米，历史上被视为通往北京的"门户"。
② 历史上与今属于哈萨克斯坦的地区有关的蒙古族部落。
③ 可能是阿穆尔河，历史上蒙语中称为"黑河"。

"我的双腿怎会比一头骆驼跑得还快呢？它们先于我从奈曼出发……我现在却先于它们而到达！我的神父们啊！再耐心等待一天吧。我保证骆驼和喇嘛明天将会到达这里。"又过了数日，我们始终处于同样的处境。我们于是又一次派遣送信人去寻找，嘱咐他一直到达放牧骆驼的牧场，要亲眼看到这些事态，而不要相信任何人的报告。

在令人难以忍受地等待的这几天中，我们继续在咧咧沟居住，这是一个属于翁牛特旗的鞑靼人地区。这些地区似乎曾被大变革骚乱过。现今的人声称，在古代，该地区曾由一些高丽部族盘据。他们被用战争驱逐出去了，逃到了他们现今尚占据的介于黄海和日本海之间的半岛上。既然我们在鞑靼地区的这部分辖地中，经常会遇到一些大城市的废墟即与欧洲中世纪那些古城堡颇为相似的遗址，所以当大家在这些瓦砾中进行发掘时，发现某些长矛、箭矢、农具残片、装满高丽钱币的瓷罐就不会罕见了。

在17世纪中叶前后，中原汉人开始进入这一地区。当时，该地区的风景非常优美秀丽，山上长满了茂密的森林，蒙古包到处分布在大牧场的山谷里。汉人花很少一笔钱就可以被准许开垦沙漠。耕作逐渐得到了发展。鞑靼人被迫迁徙，并将他们的畜群赶到其他地方。从此之后，该地区很快就改变了面貌。所有的树棵均被砍伐，山峰上的森林消失了，草地都被放火烧毁，新的耕农迅速地使这片土地的肥力枯竭了。

现在，这些地区已基本完全被汉人占据。使这一贫瘠地区变成荒芜的原因——非常不规则的季节之差异，可能应归咎于他们那毁灭性的垦殖制度①。这里经常出现干旱，春风几乎于每年都会把大地吹干。天空呈现出一片阴沉灰暗的样子，受惊的民众们都在等待着巨大灾难的降临。大风越刮越猛烈，有时一直持续到盛夏。届时人们就会看到被旋风吹起的灰尘直冲云霄，使天空变得灰暗和遮天蔽日。有时甚至在正中午，人们也会被夜间恐惧的一片黑暗所包围，甚至在某种程度上感到比最黑暗的夜间还可怕千倍。在这样的风暴过后，大雨就不会让人等待多久了。但此时，大家对暴雨更为害怕而不是企盼。因为在一般情况下，它都是下得令人毛骨悚然。有时如同苍天崩裂了一般，突然间露出了一个洞，让天上盛满的全部雨水如同一个大瀑布一般地骤然间一倾而下。耕田及庄稼顷刻间便浸没在一片泥海之中，其巨浪沿山谷的两麓奔腾，席卷了沿途所遇到的一切。激流飞快地奔腾而去，只要几小时就可以使地面重新露出。但田里再没有庄稼，甚至几乎没有可以生长植物的土壤。那里仅仅剩下了深深的沟壑，填满了砾石，从此之后再没有希望能用犁铧耕种了。

[……]

干旱和水灾有时会造成灭绝居民的饥荒。道光十二年（1832 年）的那次饥荒，是大家听说过的最可怕的一次。中国人声称到处都出现了普遍的预兆，但从未有人能解释清楚。在 1831 年冬季，有一种不吉祥的流言传播开了。据说第二年将会出现既无贫又无富、血将流满山坡、白骨将堆满山谷

---

① 这一现象一直持续到 20 世纪，对内蒙古草原产生了明显影响。

的景象。

所有居民中都讲这样的话，儿童们在玩耍时也重复这样的话。1832年年初时，所有人都被这种不祥的忧虑所支配。春季和夏秋季都无雨而过去了，秋天在庄稼还是绿色时便降霜了。一切全都被彻底毁坏，完全是颗粒无收。乡民们很快就沦为赤贫。房舍、田产、牲畜都用以换粮食了，而当时粮食价格之昂贵，就如同以黄金的重量出售。一般当人们啃吃完了山上的野草之后，便掘地一直从中挖出草根来充饥。经常重复的那种可怕预兆已完全实现了。许多人死于山上，当时他们正步履艰难地在那里爬行以捡几根草吃。尸体弃满了路旁，住宅中也堆满了死人，有时整村人都灭绝得一个不剩。不分贫富，饥荒以同样无情的程度，降临到了所有人头上。

我们正是在这一凄惨的地区，以某种不耐烦的情绪，等待我们派往奈曼旗的送信人。我们约定他返回的日子到了，许多天又过去了，但既没有骆驼的影子，也不见喇嘛。这使我们感到极端惊讶，而且也再没有任何其他送信人可派遣了。我们被逼得走投无路，更无法在这种痛苦和无益的等待中生活更长的时间。我们正在苦思冥想其他办法，因为我们认为已掌握的那些方法都化为泡影。出发的时间已不能更改地最终确定下来。此外，我们还决定一名基督徒用车把我们送到多伦诺尔①，那里距咧咧沟有近50法里②之远。到了多伦诺尔，我们辞退这名临时的向导。我们接着就独自进入沙漠，就这样从事自己的朝圣旅行。这一计划使基督徒们担惊受怕，他们不明白两名欧洲人怎能独自在一个陌生而又对他们不友好

---

① 可能指多伦淖尔，今内蒙古自治区锡林郭勒盟的一个镇。
② 法里，法国以前的长度计量单位，1法里约为4 000米。——编者注

的国家中，从事如此遥远的旅行呢？但我们有理由坚持自己的决定。我们不想让汉人陪同自己。我们认为绝对需要最终粉碎束缚入华传教士们的桎梏。一名传道员小心谨慎的防范或更应该说是胆怯懦弱，在鞑靼地区没有任何用处，一名汉人可能会成为我们的障碍。

在我们出发前夕的那个星期天，一切准备就绪。我们的两只小行李箱都已上锁，那些基督徒们都前来与我们道别。但出乎所有人的预料之外，就在这个礼拜天太阳西垂的时候，我们那名送信人回来了。他刚一露面，我们就很容易从他那痛苦和失望的脸部表情中，发现他得到了令人沮丧的消息。他说："我的神父们啊！事态很不妙。一切全完了，再没有任何可以等待的了。在奈曼旗，再没有教堂的骆驼了。那名喇嘛无疑也已被杀，我认为魔鬼在这一事件中起过巨大作用。"

怀疑和畏惧往往会比已确信的不幸更折磨人了。这些消息虽然是令人难以忍受的，但它们却把我们从自己的困惑处境中摆脱出来了，而又丝毫不改变我们已确定的计划。在接受了我们的基督徒们长时间的慰问之后，我们便去睡觉了，坚信这一夜将是我们游牧生活前夕的一夜。

当突然间在外面响起了许多人的喧闹声时，夜已经很深了。喧闹的和多种的响声震动了我们住宅的大门。所有人都匆匆忙忙地起身，我们的那名青年喇嘛和骆驼都来了。这简直是发生了一次小小的革命。我们的日程就自动改变了。我们不再是于星期一而是于星期二出发，不再是乘车而是要骑骆驼旅行，一切都应以鞑靼人的方式行事。大家兴致勃勃地去睡觉，但谁都不肯入睡，每个人都利用夜间这段很短的时间，设想有关这支旅行队最轻便的装备计划。

[……]

我们出发了，而且正确地决定放弃我们的旧有习惯并把自己装扮成鞑靼人。但我们不能一下就能化装得很好，刚迈第一步就完全失去了中国人的样子。除了我们是在一部分步行和另一部分骑马的中国基督徒们护送（他们出于尊重而在一段时间内陪同我们行进）之外，我们还应把咧咧沟的大传道员开的一爿客店，作为我们第一程的到站。

我们这次小小旅行队的前进一开始就不是充满成功的。我们在上骆驼鞍驮和牵骆驼的技术中，尚很生疏和完全没有经验。所以，我们几乎每时每刻都要不断地停下来，有时是为了调整几条能伤着牲口的绳子或木板，有时是为了捆紧我们那些扎得不牢固和时刻有翻落危险的行李。尽管有这些持续的耽搁，但我们仍在前进，不过速度则是难以形容的缓慢。在行走35里之后，我们走出了耕作区而进入草地。这时的行走比较正常了，骆驼们在沙漠中则比较轻松自在，它们的步伐似乎变得比较快捷了。

我们攀上了一座高山，那些单峰驼则懂得为它们付出的辛劳进行补偿，它们左右啃吃那些接骨木的细嫩枝条或野蔷薇的叶子。我们为了驱赶这些懒洋洋的牲畜而被迫发出的呼喊声，又惊动了狐狸，它们在我们接近时，不时地从其巢穴内钻出来又逃之夭夭。我们刚刚攀登上这座陡峭的大山之顶峰，便在山凹中发现了由基督徒们开设的客店羊巴儿殿。我们便走向那里。我们所走的这条路始终有清澈见底的溪水流淌，从山麓中流出并汇集于山脚下，形成了一条环绕客店的

第三部分　近代文化接触

风景优美的小河。我们受到店老板（或者按中国方式应称为"掌柜的"）的迎接。

在距中原边陲不远的鞑靼地区，大家有时会在沙漠中遇到几家孤立的客店。它们一般均由一个宽敞的四合院组成，由中间交织着荆棘的长枝条搭成。在这套四合院的正中央有一幢土屋，其高最多不过十法尺①。除了左右两厢的几间简陋的小房间之外，整个客店都是由一间宽敞的房子组成，同时用作厨房、餐厅和寝室。当行客到达时，他们全部来到这一大厅中，那里实际上很脏、气味难闻和烟熏火燎。一条长而宽的大炕就是为他们准备的下榻处。他们把一种占据了大间3/4位置的炉灶称为炕。它高达四法尺，炕面很平整，炕上再铺一领苇席。那些有钱的人再于这领席上铺上毡毯和兽皮。其前面有三口安在这种灰色的地下的大锅，为行人熬粥用。

烧热这些大锅的灶眼与炕洞相通，从而使热量传到那里。这样一来，炕上的温度一直很高，甚至在冬季严寒的情况下也如此。

[……]

店掌柜的把他的小单间安排作我们的下榻处。我们在那里吃晚饭，但我们不想在那里睡觉。因为我们是鞑靼旅行家，拥有一顶良好而漂亮的帐篷，我们想把它支起来以练习着使用它。这一决定不会使任何人感到生气。我们明白，自己这样做并不是出于鄙视客店，而是出于热爱游牧人的生活。因

---

① 法尺，法国以前长度计量单位，1法尺约为0.3米。——编者注

此,当支起帐篷并把我们的羊皮铺在地上之后,我们便用柴草点着了一堆大火以略微暖和一下,因为夜间已开始冷了。一旦当我们睡下,更夫便使劲地敲一面锣。这种青铜乐器那颤动而又洪亮的声音,一直震荡在山谷中,连经常出没在这片沙漠中的虎狼也感到了害怕。

当我们起身时,天尚未亮。我们在启程之前必须完成一件非常重要的工作,即必须改换服装,在某种意义上说是自己作一番"变化"。居住在汉地的传教士们都毫无例外地穿汉式服装,他们与商人没有任何区别,外表上没有任何宗教特色。被迫坚持穿这些世俗服装,会令人非常懊恼,因为它们是传播福音的巨大障碍。在鞑靼人中,一名参与布讲宗教的黑头人只会引起人们的耻笑和鄙视。大家都认为黑头人负责世俗事务,宗教事务与他们无关,完全属于喇嘛们的专权。我们认为那些似乎是在入华传教士中确立和保留了穿世俗服装的习惯,于我们身上不复存在了,我们完全可以脱掉它。宗座代牧所写的教谕,在这一问题上所表现出的愿望,完全符合我们的心意,我们毫不犹豫,决定采纳西藏喇嘛们的俗装。我们称之为"俗装",是因为他们还专门有一种宗教服装,当他们在佛寺中祈祷或参加偶像崇拜仪轨时才穿。西藏喇嘛们的服装更引起了我们的注意,因为它符合年轻的新入教者桑达钦巴所穿的穿着。

我们向客栈的基督徒说明,自己已决定不再化装成汉族商客,我们更希望剪去发辫和彻底剃光头。这一消息牵动了他们那过敏的神经,有些人显得快要流泪了,甚至还有一些人试图游说,使我们改变这一决定。但他们那些哀婉动人的语言,仅仅是从我们心中一闪而已。我们从一个小包中取出的一把剃乃，就是我们对他们说教作出的回答。我们把剃刀交给了桑达钦巴，只须顷刻的时间，就使我们自离开法国时便蓄留的长发辫脱落在地。我们又穿上一件黄色大袍，在右侧甩五枚镀金纽扣扣好，在腰部扎了一条很长的红色腰带。我们于这件袍子之外又套了一件红色的坎肩，背心的上部是一个紫绒小领。上面带有一个红球的黄帽子成了我们新服装的补充。

在最终完成这项工作之后，我们便开始吃午饭。当时的气氛非常闷闷不乐和寡言少语。当店掌柜的端上了小酒杯和冒着热气的中国温酒壶时，我们便向他宣布，既然已更换了服装，我们也应该改变生活习惯。我们对他说："撤去这酒与这把热酒壶吧！从今以后，我们就放弃喝酒和抽烟了"。我又笑着补充说："你知道，好喇嘛是要戒酒和戒烟的。"我们身边的那些中国基督徒都没有笑，他们一言不发，并以一种慈悲的目光凝视着我们。因为他们从内心深处坚信，我们必将在鞑靼沙漠中因缺吃少穿和遭受苦难而死。午饭结束后，正当店中的伙计们折叠帐篷、为骆驼上驮子和组织出发时，我们取出了几个馒头并向沙漠中附近一条小溪岸边走，以采摘醋栗枝上的一些"饭后水果"。很快就有人告诉我们说，一切都已准备就绪，我们跨上了自己的坐骑，仅在桑达钦巴一人的陪同下取道多伦诺尔。

我们就这样独自和在无向导的情况下，走进了一个新的世界。从此之后，我们再也不会在自己面前找到由过去的传教士们踏出的羊肠小道了。因为我们穿行在一个任何人都尚未曾布讲过福音的地区。一切都宣告结束，我们身边再没有那些非常殷勤地为我们服务，并以他们的关心而在传教士周围形成的一种如同在其祖国一般的气氛的基督徒了。我们在一片对自己不友好的土地上只能依靠自己，被迫处理自己的事务，在路途中再没有希望听到兄弟和朋友们的声音了……但这又有何妨！我们感到心中充满了勇气和毅力，以那名曾说过"前往教化所有民族，我在岁月的流逝中永远与你们在一起"的人之毅力而前进！

[……]

桑达钦巴在 11 岁时便逃离了喇嘛寺，以逃脱一名师傅的责打，他认为此人的惩罚过分苛刻了。后来，他那流浪和无所事事的青年时代，大部分都是在汉地城市或在鞑靼沙漠地区度过的。大家很容易理解这种独立的生活不大会使他那先天的粗犷性格变得高雅起来，他的智力完全未被陶冶；但他那肌肉的力量则极大，他本人对这一本领也并非不感到自鸣得意，而是非常喜欢卖弄。他在受到秦神父的教诲并接受其洗礼之后，很想坚持为传教士们服务。我们最近从事的旅行完全符合他那惯于流浪和冒险的习性。这一青年人在引导我们穿越鞑靼沙漠时，不会对我们有任何帮助，他对这一地区并不比我们熟悉多少。因此，我们的惟一向导是一副罗盘，外加由安德里沃－古荣①绘制的一幅高质量的中华帝国的地图。

从我们一旦离开羊巴儿殿店起，便毫无阻碍地和相当顺利地前进，惟有我们在翻越一座山时遭到了不少中国官吏们

---

① 安德里沃－古荣（Andriveau-Goujon，约 1805—1897），法国人，1834 年于巴黎出版中国和朝鲜地图的出版人。

的咒骂。他们赶着驮载沉重驮子的大队骡子,一旦当他们看到我们的一队骆驼向他们走近时,便立即勒住骡子的嚼子。骡子受惊,它们寻求左右奔逃,使驮子抖乱了,有时将车子撞翻,骡夫们以千般漫骂,以对这一意外情况进行报复,诅咒我们骆驼的体态庞大臃肿和我们服装颜色的刺眼。

[……]

皇家园林由北至南共包括100多法里,从东到西近80法里。康熙帝在蒙古的一次出巡中,决定把这里作为他的狩猎地(围场)。他每年都前往那里,继他之后直到嘉庆的历代皇帝,都遵守他开创的先例。道光登基之后,再未踏上过热河的土地,那里本来可以被视为是中国专制君主的凡尔赛宫。但那里的森林及栖身于其中的野兽的处境,并没有得到很好的改善。虽然对被抓获的任何在森林中持枪狩猎的人,都要被判作终身流放,但森林中始终都遍是偷猎者和盗伐者。每隔一段距离就设有守林人,但他们留在那里,似乎仅仅是为了垄断盗卖木材和野味猎物的权力。他们竭尽全力地方便偷猎盗伐行为,其条件是把一大部分油水留给他们。偷猎者在农历四到九月间特别多,当时的鹿角长出了新的枝叉,其中含有一种呈半凝结状的血,当地人就称之为鹿茸。新生的鹿茸在中医药中具有重要用途,由此而极其昂贵。一枝鹿茸可以出售到150两白银。

鹿和獐子大群地在这一庞大的围场中溜达。这里的老虎、野猪、黑熊、豹子和狼的数目同样也很多。那些独自或零散地冒险进入森林迷宫的樵夫和猎人,往往都会惨遭不幸,他们失踪得使人永远发现不了任何一点遗迹。

　　害怕遇到某种这类凶猛野兽的情绪阻止了我们的散步，使之不要持续太久。此外，天已开始黑了，我们匆匆忙忙地返回帐篷。

　　我们在沙漠中过的第一夜睡得相当安宁。天刚蒙蒙亮，我们便起来了。泡进滚开的茶水中的一把莜麦面充作早餐，在重新把驮子抬到骆驼身上之后，我们便启程了。我们始终在"吉祥山"的高坝上行走，我们很快就发现了一个敖包①，鞑靼人前往敖包脚下向山神顶礼。这一建筑实际上仅仅是一堆无秩序地砌起来的石块。其基部有一个大花岗岩香炉，人们于其中烧香。其顶部有大批干树枝，胡乱地用石块固定住。在这些树枝之上悬有白骨或布片，上面写有藏文或蒙文偈句。经过敖包前面的那些虔诚信徒们，并不仅满足于跪拜和焚香，他们还在这一石堆上抛扬相当多的银钱。途经这条路的汉人也不会放过机会而在敖包前逗留，而且在几次躬身之后便拾捡蒙古人虔诚地布施在那里的供物。

　　在鞑靼的所有地区，大家经常会遇到这类不成形状的建筑，它们遍布所有的山顶，蒙古人把那里作为经常性朝拜的目标。这些敖包使我们无意间联想到了《圣经》所讲的那些"圣地"②，犹太人违犯先知们的禁令而对此表示崇拜。

　　当地势开始倾斜低垂时，天时已近中午。这就提醒我们说已接近了高坝的边缘。我们沿陡峭的山坡下到了深谷中，在那里发现了一个小小的蒙古聚落。我们未作滞留地经过了

---

① 敖包，石头堆，是用石头堆积的蒙古族人祭祀建筑。
② "圣地"，指与异教仪式和祭祀有关的山顶。

第三部分 近代文化接触

那里，前往一个小池塘边支起帐篷。我们已进入了克什克腾旗①的辖地，该地区丘陵交错并有许多小溪流经。在那里到处都可以发现丰富的牧场和柴薪林。匪徒不断蹂躏这片不幸的地区。汉人很早以前就进入了该地区，把这里作为所有罪犯的流放地。现在，"克什克腾居民"基本就成了违法犯人的同义词，他们不害怕从事任何杀戮，在任何犯罪行为面前都不会后退手软。人们都说该地区的自然界遗憾地发现人类践踏了它的权力。在犁铧经过的所有地方，土地便变得肥力枯竭、干旱和沙砾石很多了。这里仅收获莜麦，居民们习惯于以此为食。在该地区，只有一个交易的地方，在蒙文中叫作阿勒坦苏木（意为"金庙"）。此地首先是一座喇嘛庙，其中住有近2 000名喇嘛。汉人逐渐迁移到那里以与鞑靼人互市。1843年，我们有机会参观了该聚落，当时已具一座城市的规模。

[……]

太阳刚刚落山，我们已在帐篷内忙着煮茶。阿尔萨兰以其吠叫声告诉我们，已有生人前来。我们很快就听到了一匹马的奔驰声，一名骑马人出现在门前。那名鞑靼人把双手合十到额前向我们喊叫："门德（你好）！"我们请他喝一杯茶，他把马拴在帐篷的一个桩子上，又前来坐在炉灶的周围。他一坐下就迫不及待地对我们说："喇嘛老爷们，你们诞生在天下的哪一部分？""我们是西天人。你呢？你的故乡在哪

---

① 此地位置不详。

里?""我那贫寒的蒙古包在北部,在位于我们右方的这条大河的深处。""你的故乡克什克腾是一个美丽的地方。"这名蒙古人忧郁地摇了摇头,没有回答。我们沉默了一会儿,又补充说:"老哥,草地在克什克腾旗内尚非常辽阔。难道在你们的草原上播种不更好吗?你们要这些未耕作的地有什么用?难道粮食大丰收不比这些草更好吗?"他以一种深信不疑的口吻回答说:"蒙古人天生要住在蒙古包中和放牧畜群。只要在我们的克什克腾旗尚保留这一习惯,我们就会很富裕而愉快。现在,自从蒙古人开始种地和建筑房舍以来,他们都变得贫穷了。契丹人(汉族人)进入了这一地区。畜群、耕地、房舍等落入了他们手中。我们还剩下了几片草原,那里还于蒙古包中生活着一些未因贫苦而被迫移徙到其他地区的蒙古人。""既然你们觉得中原人的生活方式如此不好,那为什么还让他们进入你们的地区呢?""这句话不错。但喇嘛老爷们,你们不会不知道蒙古人都天真淳朴,心肠软弱。我们很同情这些制造麻烦的中原人,他们哭泣着前来向我们乞求布施。大家出于慈悲而让他们耕种了几片田地。可是蒙古人不知不觉地也奉他们为楷模,步他们的后尘,放弃游牧生活而事耕耘。他们赊账喝中原人的酿酒并吸他们的烟,购买他们的布帛。到了算账的时候,所有的利息都被定成40%或50%。中原人于是便使用暴力,蒙古人被迫把一切都抛弃给他们,如房子、土地和畜群。""那么,你们为什么不向衙门告状呢?""向衙门告状!啊!这不可能的。契丹人能说会道。一个蒙古人不可能告赢契丹人……喇嘛老爷们,克什克腾旗的一切都完了……"蒙古人说完这些话就起身了,向我们深深鞠一躬,便扬鞭策马而去,很快就消失在沙漠中。

第三部分　近代文化接触

* * *

　　近代早期的欧洲汉学家与前辈不同，因为他们所处时代的经济和技术水平以及由此赋予的知识自信，使得他们能够深入并在很大程度上影响这个曾经遥远的国家，而不仅仅是旁观。他们通过旅行、探索乃至征服的方式，在试图对中国形成概念和理解的同时也参与了这个国家的进程。虽然从表面上看，约翰·巴罗作品的主旨仍然是希望与清朝开展贸易，但其真正意图是实现对中国的帝国统治。虽然马戛尔尼使团访华属于马可·波罗试图在新世界（一个实际上有待开发的古老国度）发现财富和机遇的延续，但裹挟着欧洲人从未施加过的武力和威压，尤其是强大的海军力量可以长驱直入亚洲地区。昔日的耶稣会士至少在某种程度上承认和接纳中国的世界观，这些新兴的欧洲强国（英国、荷兰、葡萄牙等）却正处于现代术语所谓"他者化"中国的早期阶段。

　　实际上，他们面对的是现代化程度远不如己的国家，此外物质上的优势又使他们产生了一种优越感。儒家治理体系及其隐含的道德秩序，受到了伏尔泰和莱布尼茨的关注和仰慕，却被巴罗和黑格尔（后者使用了更光鲜的知识术语）等人视为中国落后、狭隘和羸弱的根本原因。

　　马戛尔尼使团访华在某种意义上可谓第一次鸦片战争悲惨历史及一切恶果的导火索，黑格尔的理论及其对普遍性的深入研究则为马克思主义奠定了基础，并对今天的中国产生了深远的、变革性的影响。马克思的著作涉猎广泛、内容丰富，却也凸显出他对中国兴味索然，事实上，他更多聚焦于批判英帝国主义在华的无耻行径，而不是关注中国本身。马克思又会如何看待这样一个深受其思想影响的国家呢？显然，毛泽东领导下的中国共产党没走常规路线，它走的不是城市包围农村的道路，而是以农村包围城市——这是连苏联都不敢想象的革命路径。在 1978 年后的改革开放时期，中国接受了私有化、市场化和企业化等思想——再次跟马克思主义意识形态不完全一致。因此，马克思本人很可能会认为中国的当代现实与自己的思想格格不入，难以调和。马克思确实对现代世界产生了巨大的影响，但他只是间接地影响了欧洲与中国的交流。极具讽刺意味的是，在某种程度上，今天的中欧关系是一位欧洲思想家推动的结果，尽管这位欧洲人对中国并没有什么兴趣和了解。马克思固然博学多识，但对于中国，他并未给予足够的重视——尽管中国在世界发展历史上占有举足轻重的地位，马克思的大量著作却鲜少提及中国，而他确实对中国产生了巨大的影响。

  古伯察的游记则以中国为中心，阐明了接触这个国家可能会改变欧洲人之前的假设和思维方式。古伯察与秦噶哔所接触的中国与昔日在中国生活过的耶稣会士曾描述的极为相似，但前者显然受中国同化的程度更高。这使得他们笔下对中国人怀有更加深刻的同情和认可。如果说求同存异是数世纪以来欧洲人关于中国概念的一个重大主题，那么一些早期现代派人物的作品则为我们指明了两条路径来接触中国——通过武力或智力改变中国，或者被中国改变。在巴罗、黑格尔和马克思时代，前一种立场占据上风；但在两个世纪以后，古伯察和秦噶哔的做法却依然有效，乃至最终可能盛行起来。

第四部分

现代人的中国之问

在经历了近现代欧洲工业化和帝国主义的高峰期之后，世界进入了下一个阶段——一个以更高的复杂性和更大的混杂性为特征的阶段。本节摘录的作者代表了三种声音——他们都在各自的专业领域做出了突出贡献——马克斯·韦伯之于社会学，伯特兰·罗素之于哲学，卡尔·古斯塔夫·荣格之于心理学。他们也努力地跳出了自我、惯性思维、环境和文化的桎梏，并对自身的主体性发出了灵魂拷问。从这个意义上说，他们继承了启蒙运动时期伏尔泰、孟德斯鸠和莱布尼茨等人的态度。韦伯致力于用自己创建的社会学理论来阐述中国宗教；罗素则没有采取普遍性无可争议的哲学方法，而是从政治角度来理解中国，这在某种程度上呼应了伏尔泰的东方"理想国"观念；荣格则更加追本溯源，从精神和想象层面来解构中国。

本部分摘录文章大多创作于欧洲内部危机时期，即第一次世界大战之后，确切地说，韦伯和罗素的创作时间是20世纪20年代，荣格的则稍晚一些。因此，这些文章都诞生于一个欧洲丧失信心的时期，并体现出现代性无论在政治还是知识层面均存在着可怕的危险的认知。这一时期的中国也在发生变化——从1912年清朝灭亡过渡到民国时期。考虑到时代背景，这些文章似乎在某种程度上将中国视为一种替代性文明——一个可以在生活方式、宗教观念和为人处世方面给欧洲提供替代选择的国家。

11

中国人的信仰：马克斯·韦伯

德国社会学家马克斯·韦伯（1864—1920）是 20 世纪最具影响力的思想家之一。他的不朽名作《经济与社会》(*Economy and Society*) 和一系列关于政治、科学使命的文章阐述了对不同类型权力运作的理解，以及它们与促成其社会结构和具体实践之间的密切关系。鉴于此，韦伯也被视为近代杰出政治学家之一。《中国的宗教：儒教与道教》(*The Religion of China: Confucianism and Daoism*) 一书于 1915 年首次以德文出版，并在韦伯去世五周年后修订再版，全面地阐释了韦伯的宗教社会学思想。韦伯是一名外部观察者，他以局外人的身份运用自己创造的关键分析工具来解读他从未踏足的中国和中国文化。这些分析工具包括魅力型权威、传统型权威和法理型权威等概念。

与同胞莱布尼茨一样，韦伯显然也对儒学极感兴趣。在探讨儒家思想在中国历史和文化生活中所扮演的角色时，他一直为一个对那些接触和思考中国的欧洲人而言极为重要的问题所困扰——中国人的信仰究竟是什么？儒学中形而上学的缺失是他主要的观察结果之一；另一个观察结果是，在中国人的精神和意识形态世界里，这种信仰体系与那些表面上互不相容的信仰，如佛教和其他宗教，存在着千丝万缕的联系。他对儒学的阐述尤为重要——虽非汉学家，但其解读理性而精准。正如剑桥大学汉学家胡司德在韦伯著作发表近一个世纪后所写的那样，尽管儒家学说在历史上解决了"如何为"与"何以为"①等问题，但它并没有深入探究现实的本质，以及现实形成背后的动因。②

中国人自古以来并没有统一的普世价值观，而是包容不同信仰与习俗，这种能力无疑激起了韦伯的兴趣。正如美国汉学家牟复礼所指出的，东亚人通常不屑于包罗万象的"真理"，而更愿意拥抱激进的多元主义。这是否与莱布尼茨所描述的中国国情大同小异——在这里，儒学成为一种日常的官僚崇拜，但拒绝深究形而上学和来世等更深层次的问题？又或者，在这种对形形色色信仰保持宽容而又不允许一家独大的行为中，是否隐藏着一些更深层次的智慧，中国人的思维和信仰，是否值得西方国家更多地关注和学习？

除了中国，韦伯还撰写了一些关于印度和中东世界观的著作，这表明他是一位抱负不凡而又信心十足的思想家。这样一位欧洲重要人物深切关注中国所象征的东西，绕过其政治生活和发展问题，转而探究其信仰的底层结构，很能说明问题。韦伯似乎意识到，如果不把中国因素考虑在内，他对政治行为的描述将是不完整的。伯特兰·罗素在韦伯去世不久后撰写了一部关于中国的作品，他认为中国是一个"问题"（见本部分节选），然而对于韦伯来说，中国是一个不一样的更深层次的问题，不仅仅源于其内部情形，更源于中

---

① 即怎么做和做什么。——译者注
② 胡司德（Roel Sterckx），《中国思想：从孔子到庖丁》（*Chinese Thought: From Confucius to Cook Ding*），伦敦：Pelican 出版社，2019 年，第 xi 页。

国本身的存在之道。毕竟，中国的知识和文化传统里似乎没有原罪的观念，也不存在伊甸园式的原始纯真，这里没有宗教先知或人物经常宣扬来世因果。

节选自《中国的宗教：儒教与道教》[①]

官僚制与教权制

（中国的）家产官僚体制（Patrimonial bureauk ratie）不曾受到一个独立自主的教权制（Hierokratie）[②]的制衡，就像它从未受到一个不断扩张的封建制度、或一个从未得到发展的市民阶层势力的侵扰一样。像中东、伊朗或印度那种在社会上拥有势力的先知预言（Prophetie）是闻所未闻的。这里没有以超俗世之神的名义而揭示伦理"要求"（Forderungen）的先知；宗教意识的原始性质尚未突破，并且也排除了先知的伦理要求。最高祭司长（Pontifikat）——政教合一的（cäsaropapistische）统治者——所要认真对付的是封建贵族，而非先知。只要有一点先知运动的蛛丝马迹出现，它就会将之当作异端的邪教而猛力地、有计划地加以扑灭。

中国人的"灵魂"从未受过先知革命的洗礼，也没有属于个人的"祈祷"。受过礼仪训练且精通典籍的官员，以及——最重要的——皇帝，照料一切事务，而且也只有他们能够如此。

[①] 节选部分参考［德］马克思·韦伯著，康乐、简惠美译《中国的宗教：儒教与道教》（上海：上海三联书店，2020年）中文译本：第205—214页，第218—222页，"第六章 儒教的生活取向"。——译者注

[②] 英文为"Hierocracy"，指由牧师组成的统治主体。

尽管容许道教存在，但就我们由历史所知，从没有出现过强而有力的教士阶层。更重要的是，根本就不曾有任何独立的宗教力量足以开展出一套救赎的教义、或一套自主的伦理与教育。因此，属于官僚阶层的那种主智主义的理性主义得以自在地伸展；与其他文明相同的是，此种主智主义打从内心里就蔑视宗教——除非宗教成为驯服一般大众所必须的手段。主智主义之所以容忍职业宗教人的存在，是因为关系到官方威望——为了使民众驯服，这种威望是不可或缺的，即使在面对受传统束缚而势力强大的地方氏族，这种威望也强固不移。其他所有宗教性内在、外在的进一步发展，都被断然斩绝。祭拜皇天后土以及一些相关的神化英雄和职有专司的神灵，乃是国家事务。这些祭典并不由教士负责，而是由政权的掌握者来主持。由国家所制定的这种"俗世宗教"（Laienreligion），乃是一种对祖灵神力之崇奉的信仰。而其他一般民间的宗教信仰，原则上仍停留在巫术性与英雄主义的一种毫无系统性的多元崇拜上。家产官僚体制在其理性主义的立场上，对于此种根本为其所蔑视的混沌状态，几乎毫无加以系统性转化的意图，而毋宁只是接受了此种状态。

另一方面，从儒教的国家理由（Staatsraison）的立场而言，宗教则必须是"为民而立"的。根据夫子所言，世界的秩序是靠着信仰才能够维持得住的。因此，宗教信仰的维护，对政治而言，甚至比民生的顾虑要来得重要。另一方面，皇权本身即是个至高且经宗教性圣化的结构，从某种观点上而言，它超出民间所崇奉的众神之上。皇帝个人的地位，正如我们所见的，完全是基于他作为上天（其列祖列宗所居的上天）的委任者（"天子"）所具有的卡理斯玛。不过，正如我们先前所说的，个别神灵是否受人崇拜及其重要与否，仍得视其卡理斯玛的灵验程度而定，就像那布勒斯的车夫与船夫所信奉的圣徒一样。此种宗教卡理斯玛的特性，对于官僚阶级的自我保全而言，倒是颇能配合。因为任何降临到国家的灾难都不会使官僚体系自身遭到否定，最多只是显示个别的官吏或皇帝个人已被剥夺了他们神圣的正当性；要不然就是使某位职有专司的神灵遭受唾弃。

由于对现世秩序这种特殊而非理性的执着，在官僚势力的正当性与超现世（及其地上代表）的势力之间，便产生一种极妥善的结合：后者仅止于绝对最小限度的独立性，否则就会被认为要与官僚体系相抗衡。反之，任何民间信仰（Volksglauben）的理性化——成为一个超俗世取向的独立宗教——都无可避免地会构成一股与官僚体系相对立的独立势力。此一"事态"（Pragma）的紧张程度，从官吏断然抵制任何企图松动此一历史巨厦之一砖一石的行动中，可以不断地感觉到。

中国的语言里没有特别指"宗教"①（Religion）的字眼。有的只是1."教"②（Lehre）——士人学派的（教）；2."礼"③——在本质上并不分辨其为宗教性的或因袭性的（礼）。儒教（Konfuzianismus）的中国官方称呼即为"士人之教"④（Lehre der Literaten）。

---

① 严格来说不是这样，中国有"宗教"一说，"宗"意指教派（sect orancestor），"教"意为教导（teaching）。
② "教"——如今被简单地定义为"teach"。
③ 理，见莱布尼茨对此的讨论。
④ 目前还不清楚韦伯此处指的是什么。"儒家思想"通常指孔子的思想，"儒家"二字是儒学的一个特定名称。

中国的宗教——无论其本质为巫术性或祭典性的——保持着一种此世的（diesseitig）心灵倾向。这种倾向此世的态度较诸其他一般性的例子，都要远为强烈并具原则性。除了崇拜伟神巨灵的国家祭典之外，长寿的祈求在最受重视的祭祀里，扮演了主要的角色。这可能是因为"神（仙）"这个概念在中国的原始意义，便是能够不死并且永生于幸福之国的最最至高完美的人。

无论如何，一般而言，我们可以说，正统的儒教中国人（而不是佛教徒），是为了他在此世的命运——为了长寿、为了子嗣、为了财富，以及在很小的程度上为了祖先的幸福——而祭祀，全然不是为了他在"彼世的"命运的缘故。这与古埃及人形成强烈的对比，他们之在乎死者完全是基于对人在彼世之命运的关注。长久以来，开明的儒教徒就有一种非官方的、但却盛行的见解：人死后，灵魂便化为乌有，流散于大气之中，要不然即是死灭。此一说法，受到儒学权威王充[①]的支持，并且，正如我们曾经提及的，他对于神的概念并不是那么前后一致的。神，照他的看法，不应该以一种人神同形同性的概念来加以理解，而是"实体"（Leib），一种无形的流体，在人死亡——亦即对个体而言是一种"消亡"（Verlöschen）——之际，基本上大致相同的人的精气即再度化为此种无形的流体。

十二世纪的唯物论与无神论者朱夫子（朱熹）[②]则完全摒除了人格神以及不死的观念。然而这并不能防止后世正统的

[①] 王充（公元27—约100），汉代气象学家、天文学家、哲学家。
[②] 朱熹（1130—1200），新儒家的代表性人物，主张"理"为世界的本质，提出了"存天理，灭人欲"的客观唯心主义思想，以人为中心，"理"则是人类社会最高的准则。

哲学家对于人格神之信仰的出现。不过，官方儒教，也就是康熙皇帝在十七世纪时所颁布的（十六条）圣谕，仍然保持着唯物论者与无神论者的立场。

无论如何，儒教总是弥漫着一股绝对的不可知论以及根本上的否定气氛，反对任何对于彼世的冀望。即使是在此一观点尚未普及之处，或者由于受道教或佛教的影响而有所改变的地方（下面我们会讨论到），人们对于彼世命运之关注，还是完全摆在可能对此时此地的人生有所影响的神灵的关注之下。

就像几乎所有其他的家产制组织一样，在中国也有"弥赛亚的"祈望，渴望出现一位此世的救世主皇帝（Heiland-Kaiser）。但是此一祈望并不是像以色列人那样，冀望于一个绝对的乌托邦。

由于没有其他任何的末世论（Eschatologie）或救赎教义（Erlösungs-lehre），或者对于超越的价值与命运的任何渴望，国家的宗教政策依然保持着简单的形式。一方面，此一政策将祭祀的重典交付给国家，另一方面，它又容许那些承袭自古、并且是个别人民所不可或缺的私人职业巫师阶层的存在。

国家祭典是异常严谨素朴的；它是由供献牺牲、仪式性的祝祷、音乐、律动的舞蹈所构成。很显然地，所有狂迷的成分都被严格而有意地摒除。这也表现在官方的五音元的音乐中。在官方的祭典里，几乎所有的忘我、禁欲与冥思，都不存在，这些都被认为是扰乱秩序与不合理兴奋的成分。这是官僚体制式的理性主义所无法容忍的，就像罗马的官僚贵族眼里的酒神祭典那样地具有危险性。当然，官方儒教并没有西方意味的那种个人祝祷，所知惟有礼仪规范。传闻孔夫子生病时,拒绝他人为其祈福祝祷,并且据说他已久不祈神祷告了。反之,为了祈求政治群体的福祉而由君主与礼官献上的祈祷,从古到今一直都被认为是具有效力、而为人所珍视的。

由于这种种缘故,儒教自然缺乏人类之(宗教)禀赋不平等的想法(也可以说这反正无关紧要),也没有任何宗教性"恩宠状态"之差异的观念:此种概念本身一向不存在于儒教。

家产官僚体制在政治上是与封建体制及任何以血缘世袭为基础的身份结构相对立的。此种对立亦呼应于古典儒家的伦理学说:肯定人基本上的平等。此一观念,正如我们所说过的,并非固有的。

封建时期基本的理念是"贵胄"氏族与庶民二者之间有着卡理斯玛的分别。士人的支配则在受教育者与未受教育者(或"愚民")①——十四世纪时的明朝创立者②这么称呼他们——之间划下深刻的鸿沟。不过官方理论依然主张:原则上教育(任何人都可接受),而非出身,才是具有决定性的。"平等"当然并不是指在所有自然禀赋上的无条件平等。有人很可以因为较高的天赋而(轻易)做到他人得尽全力才能做到的事。但是每个人至少都可以做到儒教官僚体制下的国家理由与社会伦理的要求——这绝非一种无法企及的伦理。

如果国家治理的情况良好,那么,每个人就必须在他自己身上寻找(内在或外在的)成功或失败的缘由。人性本善,

---

① 愚民:愚蠢的人。
② 朱元璋(1328—1398),明朝开创者,1368—1398 年在位。

恶乃是通过感官侵入内心的；资质上的差异是指个体之和谐发展上的差异，这个特殊的观点自然是由于没有一位超现世的伦理神的典型结果。再者，这些观念也反映出家产制国家里的身份状况。有文化教养的人，自然希望能流芳百世，不过，只有基于他个人功业的因素。

自然法与形式的法理思想之阙如

原则上，只有生活境遇上的差别使人与人之间有所等差。相同的经济状况与教育造成人根本上相同的性格。如前文所述，我们可以想见，（儒教）与所有基督教派公认一致的看法形成尖锐的对比：物质的富裕在伦理上并不被认为是一个首要的诱惑之源（不过当然也承认有种种的诱惑）。财富实际上被看做是足以提升道德的最重要的手段。下面我们会了解到这其中的道理。

另一方面，此处毫无自然法认定（naturrechtliche Sanktionierung）的任何一种个人的自由领域存在。这倒是可以从家产制的国家的本质与历史的轨迹来说明。

实际上，私人的物质财产所有，一直是被维护得很好的一个制度。然而此一制度是在私人领域长期受到赋役义务之否定后才出现的，并且就西方的观点而言，也没有得到保证。除此，并没有任何受到法理保证的"自由权"存在。"私有财产制"（Privateigentum）事实上只有相对性的保障，它并没有享受到像克伦威尔（Cromwell）对平等论者（the Levellers）所发表的声明里、那种具有神圣性的光轮。

在家产制的理论里，当然，皇帝对于任何人而言都不是客，而上级官吏也不是其下属的客，因为属下的全部所有，都正当地属于上司。不过，根本上，这只具有典制上的意义。官方多半只在纯粹国家财政的理由下，偶然强烈地干涉到土地的耕作与分配。然而，数千年来，此种干涉（除了其他影响外），使得半传说性的井田制度①之光环及其家产制规范下的"土地权"，散放出光彩来。

  在此种（井田制的）理想里，并且又显露出一种倾向，亦即：为了维持社会的稳定，而在粮食政策上有尽量让财产的分配平等化的倾向；为了对抗粮荒时的物价飞涨，此种倾向又与埃及式的国家仓储政策（Magazinpolitik）相结合。在这个领域中，就像在其他的领域里一样，家产制的理想是实质的公道（materiale Gerechtigkeit），而非形式的法律（formales Recht）。因此，财产与营利（Eigentum und Erwerb），一方面是个现实权衡的问题，另一方面却又是个供养群众的社会伦理关怀的问题，而不是个自然法意义下的个人主义式的社会伦理的问题——这类问题乃是起源于西方近代形式法与实质公道之间的紧张关系（Spannung）。因为，从中国人看来（这点倒是很可理解），受过教育的统治阶层本来就应该是最富有的阶层。不过为了众民的满足，最终的目标仍是使财富达到最普遍的分配。

  神圣而不可变的自然法，只存在于神圣祭典的形式中（其巫术效力是自远古以前即已证实），以及对祖先神灵的神圣义务里。带有现代西方印记的自然法之发展，除了其他因素外，主要是以既有的法律之理性化为前提的，一如西方的罗

---

① 井田制是中国古代社会的土地国有制度，出现于商朝，到西周时已发展很成熟。到春秋时期，由于铁制农具的出现和牛耕的普及等诸多原因，井田制逐渐瓦解。

马法所具有的特性。

[……]

在中国，没有司法阶层的存在，因为缺乏西方意义下的律师职务（Advokatur）。之所以如此，是因为中国福利国家的家产制特色及其微弱的官方职权，并不在乎世俗法律之形式的发展。更不用说我们已经提到过的，地方性习俗甚至基于"自由裁量高于一般法"的原则而抵制法律（contra legem）。此外，中国的法官——典型的家产制法官——彻底家父长式的审案断狱，也就是说，只要他是在神圣传统所赋予的权衡余地下，他绝对不会按照形式的规则——"不计涉及者何人"来加以审判。情形大多相反，他会视被审者的实际身份以及实际的情况而定，亦即根据实际结果的公平与妥当来加以判决。这种"所罗门式的"卡地裁判（salomonischer Kadi-Justiz）也不像伊斯兰教那样有一本神圣的法典为依据。系统编纂而成的皇朝法令集成，只因为它本身有具强制性及巫术性的传统来支撑，所以才被认为是不可触犯的。

[……]

儒教的本质

儒教，就像佛教一般，只不过是种伦理——道，相当于印度的"法"（Dhamma）——罢了。不过，与佛教形成强烈对比的是，儒教完全是人世的（innerweltlich）俗人道德伦理。

并且，儒教是要去适应这个世界及其秩序与习俗。基本上，它所代表的只不过是给世上受过教育的人一部由政治准则与社会礼仪规制所构成的巨大法典。这点与佛教的对比更大。

这世界的宇宙秩序被认为是固定而不可违反的，社会的秩序不过是此一秩序的一个具体类型罢了。宇宙秩序的伟大神灵显然只在于企盼世间的和乐，尤其是人类的幸福。社会的秩序亦如此。只有当人能将一己融入宇宙的内在和谐之中，那么心灵的平衡与帝国的"祥和"方可且当可获得。如果有人无法达到这一点，那么人的愚昧以及（尤其是）国家与社会的领导无方，就该为此负责。因此，在一道十九世纪的诏敕里，即将暴风席卷某省的原因归咎于当地治安的缺失，像私纵嫌犯以及拖延诉讼等，诸事引起了鬼神的不安。

皇权之具有卡理斯玛的观念，以及将宇宙秩序与社会秩序等同起来的观念，决定了这些基本的前提。凡事都取决于官位任职者的行事作为，而这些人是要对这社会——一个庞大的、在家产制支配下的共同体——的领导负起责任的。君主必须将未受教育的平民大众当作子女般来对待。他的首要任务便是在物质上与精神上照料好官吏阶层，并且与他们保持良好的、可敬的关系。

个人敬事上天最佳的方法便是去发展自己的真实本性，因为如此一来，每个人内在的善性无疑地便会涌现。因此，所有一切皆是个教育的问题，而教育的目的即在使人自其天然禀赋中开展自我。没有所谓根本的恶（radikal Böse）。

我们只有回到公元前三世纪才能找到抱持异端学说——肯定人原始的恶性——的哲学家。（对于正统儒教而言）只有过失（Fehler）的存在，这是因为教育不足所致。世界，特别是这个社会所在的世界，确实是（就其本来那样）像人类一样不完美。善神与恶煞是并存的，然而，如果分别就人所达到的教育水平，以及统治者所具有的卡理斯玛特质而言，世界是再好也没有的了。世间的秩序是文化的需求与无可避免的分工——这点则导致利害的冲突——所自然发展的结果。根据孔夫子①尚实主义的观点，人类行为的基本动力是经济的与性欲的。因此，生物的恶根性与"原罪状态"（Sündenstand）的理由，不足以说明强制性力量或社会服属关系的必要。后者被认为只不过是经济造成的状态：相对于不断增长的欲求而言，维持生存的财富是不足的。如果没有强制的力量，人与人之间就会发生战争。因此，强制秩序本身、财产的分化，以及经济利益的斗争，原则上，根本是当然的。

儒教虽然发展了一套宇宙创成的理论，但本身却极无形而上学的兴趣。这个学派在科学上的成就很微小。数学虽然曾进步到三角法，但是却因为没有被采用而很快地衰微了。孔子显然对早为中东地区所知的岁差运动（Präzession der Aequinoktien）一无所知。宫廷天文学者，亦即历法的制作者，必须与宫廷占星师——既是史官也是个具有影响力的顾问官——划分开来。前者是个秘密知识的持有者，其官职也是世袭的。然而相关的知识却没有什么发展，这点只要从耶稣会士所带来欧洲天文器材（在中国）所获得的极大成功即可得知。自然科学整体而言仍停留在纯粹经验性的层次。似乎只有一些从古老的植物学（亦即药理学）著作——相传是一位皇帝所作——引用出来的语句，被保留了下来。

---

① 此处的"孔夫子"指的是孔子。——译者注

第四部分 现代人的中国之问

历史学科则得益于古代的重要性。考古学的研究似乎在十世纪与十二世纪达到顶峰,而编年历史的技艺则随后同样地得到发展。王安石①曾经试图创制一个专业的司法阶层来担任官职,却徒劳无功。因为正统儒教除了纯粹的古物研究或者纯粹的实用项目以外,其他概无兴趣。

---

① 王安石(1021—1086),宋代政治家、诗人、文学家,推动实施"王安石变法",这一新的社会经济改革旨在从根本上触及和改变当时中国社会的一些传统结构,但实施不力,在他去世后被全部废除。

12

中国问题：伯特兰·罗素

英国哲学家伯特兰·罗素（1872—1970）的一生跨越了维多利亚女王（1837—1901 年在位）统治下的大英帝国鼎盛时期，直至 20 世纪 70 年代的英国经济危机肇始。他在哲学、逻辑、数学和社会活动方面均有建树，同时因参与反核运动和维护社会正义而声名远播。但这并没能让他的个人生活（结过四次婚）摆脱流言蜚语的困扰，他的政治立场和无神论观点也饱受诟病。罗素曾于 1950 年获得诺贝尔文学奖，但他更重要的智慧结晶也许是 1910—1913 年与阿尔弗雷德·诺思·怀特海（A. N. Whitehead）合著的关于数学哲学的不朽名作《数学原理》(*Principia Mathematica*)。

1920 年，罗素与爱丽丝·皮尔索尔·史密斯（Alysa Pearsall Smith）的婚姻破裂，后又与多拉·布莱克（Dora Black）产生恋情，多拉随后成为他的第二任妻子。同一年，他接受了梁启超（现代中国最重要的知识分子之一）的邀请，与美国哲学家约翰·杜威[①]一同

[①] 约翰·杜威（John Dewey, 1859—1952），美国哲学家、教育家、心理学家，实用主义的集大成者，也是机能主义心理学和现代教育学的创始人之一。——译者注

在北京大学讲授了一学年（九个月）的哲学。

这次来华之旅，让罗素得以完成《中国问题》(The Problem of China) 一书，并于回国后的 1922 年出版。罗素在著作标题中提到的具体"问题"，一部分与中国摆脱清朝两百六十多年的帝国统治有关，一部分源于中国与当时正在迅速工业化的日本之间的紧张关系，还有一部分是因为美英等列强对中国内政的持续干涉。第一次世界大战结束后，1919 年巴黎和会上中国的处境让这一点表露无遗。尽管从 1917 年起，中国一直是英、美的盟友，在巴黎和会上，德国在中国东北的殖民权益却被粗暴地转让给日本，这激起了中国代表团的强烈不满，国内民众亦群情激愤，最终导致了北京五四运动的爆发。尽管罗素没有目睹这一切，但他笔下传达出一些中国人在面对屈辱时所感受到的不公正和不公平，这给中国人带来了诸多启示。

《中国问题》用大量篇幅探讨了日本及其在东亚地区的野心，这一点不幸被罗素言中。下文摘录章节则传达出罗素作为一名重要的欧洲知识分子，对他所处环境和文化的一些看法。无论罗素在具体问题上有多么料事如神，他对中国人民和中国人的精神是无比崇敬的。他认为东方世界和西方世界是平等的，不应被视为一个在文化和政治上存在某种缺陷的地方。事实证明，他的一些预测总是极具先见之明——正如他预言中国人终将走出一条自己的道路一样，而其他人的预言则经不起时间的考验。我们从书中可以明显感受到罗素对待中国的严肃认真以及他所持有的包容心态。从这个意义上说，他与两个世纪前的另一位伟大的逻辑学家莱布尼茨不谋而合。

第四部分 现代人的中国之问

节选自《中国问题》[①]

从前面几章我们已经看到,西方文明和天朝帝国文明正在中国发生密切接触。我们不得而知的是,这一接触能否产生比两种母体文明都要优异的新文明,或者说这种接触只会摧毁本土文化,代之以美国文化。过去,不同文明之间的接触常常在人类发展史上具有里程碑式意义。希腊师从埃及,罗马向希腊学习,阿拉伯人学罗马帝国,中世纪欧洲拜阿拉伯人为师,文艺复兴时期的欧洲学艺于拜占庭帝国。在这些事例中,多数情况是学生超过老师。在中国一例中,如果我们把中国人比作学生,情况可能还是一样。但实际上,我们必须从中国学的比中国人必须向我们学的东西要多。可惜,我们会向中国人学习的概率非常低。但我之所以把中国人比作学生,没有说成是老师,只是因为我害怕西方人根本就教不会。

本章,我想就中西接触时产生的纯文化问题进行论述。

[……]

除16世纪的西班牙和美国之外,我想不出还有哪两个文明能像中国和欧洲那样,在相隔那么长的一段时间里各自发展。这种独立异于常态。所以,让我们感到惊奇的是,欧洲

[①] 节选部分参考[英]伯特兰·罗素著,田瑞雪译《中国问题》(*The Problem of China*,北京:中国画报出版社,2019年)中文译本:第209—222页,"第十一章 中西文明对比"。——译者注

人和中国人做到相互理解并不算太难。为什么会是这样？要阐明这点，我们应稍做回顾，了解一下两个文明的历史起源。

西欧和美国在精神生活上几乎同源。我追溯到了三个源头：(1) 希腊文化；(2) 犹太宗教伦理；(3) 现代科学发展的结果——现代工业化大生产。我们可以把柏拉图、《旧约》和伽利略作为这三种元素的代表。这三种元素独立发展，持续至今。从希腊人那里，我们得到了文学艺术、哲学数学，还有我们社会观念中更为文雅的那一部分。从犹太人那里，我们得到了狂热的信念，这种信念很像是一种"信仰"；除此之外，我们还得到了道德热情，知道了罪孽这一观念；我们还得到了宗教排斥不容的，以及部分民族主义的观点。从应用于工业化大生产的科学中，我们得到了权力，尝到了有权力之后是什么滋味，而且还相信我们自己就是神，理所应当有权力为不能享受科学之利的种族裁决生死；我们还得到了经验主义方法，并运用这种方法，获得了几乎所有的实际知识。我认为，以上三种元素能够解释我们有的大部分心态观念。

这三种元素中，除了希腊间接影响过中国的绘画、雕塑、音乐之外，其余没有在中国发展中扮演过什么明显的角色。中国在历史之初，就缔造了大河流域帝国。埃及和巴比伦也是这样的帝国，影响到了希腊人和犹太人，创造了西方文明之源。西方文明根植于尼罗河、幼发拉底河和底格里斯河冲积平原上的沃土。同样，黄河也为中华文明开篇创造了可能。到了孔子时代，中华帝国仍然据守在黄河流域，没有向南北两方延伸。不过，虽然中西文明在外在条件和经济环境方面有相似之处，但中国人和埃及人、巴比伦人在精神面貌上几乎没有共同点。生活在公元前 6 世纪的老子和孔子已经具备我们眼中现代中国人的典型特征。凡事爱从经济方面看问题、找原因的人会发现,用经济因素解释不通为什么古代中国人和古埃及人、古巴比伦人不一样。我自己也找不出另一套理论学说。但就目前来看,我认为不能完全按科学去解释国民品格异同。气候和经济条件能解释部分原因,但也不能概括全部。也许,国民品格很大一部分要看在文明形成时期,发挥主导作用的个人有什么样的品格。这些人有摩西、穆罕默德、孔子等。

已知中国最早的圣人是道家创始人老子。"老子"并非真名,意为"年老有智之人"。传说老子跟孔子是同时代人,较孔子年长。在我看来,老子的哲学思想远比孔子的学说有意趣。老子认为,每个人、每个动物、每件事物各守其道。我们自己也该顺应道,并鼓励别人这样做。"道"的意思是"道路",但带有神秘色彩,类似于《圣经·约翰福音》中的"我就是道路、真理、生命"。我认为,老子的看法是,人因背"道"而死。如果我们都能体任自然,返璞归真,我们应该能长生不死,就像天上的星辰。到了后世,道家学说退变成了求神成仙的方术,汲汲以求长生不老仙药。但我认为逃避死亡的愿望从一开始就是道家哲学思想的一部分。①

老子的书,毋宁说被认为是老子写的书,非常简短,但他的思想得到了弟子庄子②的阐发。庄子比他的老师还有趣。

---

① 英国伟大的汉学家李约瑟则恰恰相反,他在其巨著《中国科学技术史》中指出,道教是中国古代对自然界结构的好奇心的主要来源之一,也许是唯一的来源。见《中国科学技术史简编本》,第一卷(剑桥:剑桥大学出版社,1978 年),第 85 页起。

② 庄子(公元前 4 世纪晚期),战国哲学家,被认为是老子的门徒。

两人都倡导自由这一哲学思想。他们都思考了政事之恶，以及种种背离自然之举。与"古之真人"的恬静泰然相对比，他们抨击现代生活匆忙慌乱。道家学说有神秘主义意味，体现在，尽管天下万物林林总总，但"道"在某种意义上归一。因此，如果万物能循道而生，这个世界就不会有纷争。两位圣人富于幽默感，内敛谦和。这其实已经体现了中国人的特点。"幽默感"从庄子对伯乐"善治马"的叙述中可见一斑。伯乐治马之法是："饥之，渴之，驰之，骤之，整之，齐之，前有橛饰之患，而后有鞭策之威，而马之死者已过半矣。""内敛谦和"可与西方神秘主义者对比中显现出来。这两个特点也可以从中国文学艺术中看出来，从今日中国饱学而又有修养之人的谈话中听出来。中国各阶层都喜欢笑，言语中随处有玩笑。饱学之士不露声色巧妙幽默，欧洲人一般看不出来，更添中国人之乐。中国人习于谦和，脱俗不凡。

[……]

虽然信奉道家思想的人以方术为营生，无意理治，但完全遭到儒生排斥。我必须承认，我理解不了孔子好在哪里。他的著作溺于礼仪细枝末节，执意教人待人接物，应对各种场合。当然，如果把他与身处别的时代为其他种族推广传统宗教的人作对比，我们不得不承认孔子功绩甚伟。即便这些功绩多数是负面的，我们也不能轻易否定。孔子所建体系经过多位弟子阐发，纯粹关注伦理道德，不含宗教教义教理。他的学说没有培植强大神权，也没有引发迫害事件。可以肯定的是，在儒家思想影响下，整个中华民族知礼懂礼。而且，中国人的这种礼并不仅仅沿习古风旧俗，也完全适用于没有先例可循的场合情景。此外，不只一个阶层习礼，连卑贱寒微的苦力也懂礼。所以，看到中国人不愿以粗鲁回敬粗鲁，带着十分端重对待白人的凶残暴戾、傲慢无礼时，我们不禁汗颜羞惭。欧洲人常把中国人的这种态度看作示弱的表现。但其实这种态度是一种真正的力量。中国人一直凭着这种力量征服了所有征服自己的人。

　　中华传统文化中只有一个重要元素来自异域外邦，那就是佛教。公元纪年之初，佛教由印度传入中国，在中国宗教中占有一席之地。我们西方人从犹太人那里承袭了排斥异教的观念，以为一个人信了一种宗教，就不能再信别种。而且，正统的基督教和伊斯兰教有严密的框架体系，让人难以同时接受两套教义。但中国不存在这种互斥排异的情况。一个人既可以是佛教徒，同时也可修习儒学。原因很简单，佛教和儒学互不排斥。日本也一样，很多人既信奉佛教，也信仰神道教。不过，佛教和儒学气秉不同。即便是同时笃信佛教和儒家的人也对两派分有轻重，有人重儒，有人喜佛。理解了"宗教"这个词，就可以理解佛教。其教义带有神秘色彩，注重救赎、来世。佛教向世界传递的信息是，佛教能治愈灰心绝望，而那些没有宗教信仰的人却认为本应该对世路灰心绝望。佛教认为，悲观消极是人之本能，唯有信仰佛法才能摆脱这种情绪。儒学完全没有这种观念。儒家认为，从根本上来说，人与世界相和。人们只需得到教导，知道如何去生，无须鼓舞即欲求生。儒家的道德观念不以任何一种形而上思想或宗教教义为基础，仅仅关注俗世日常。在中国，这两种思想共生共存。那些善于思考、愿以宗教求悟的人礼佛弘法，而那些投身政事者修习儒学心有愉悦。儒学一直都是官学。科举考试考的就是儒学。结果是，几百年来，中国政治掌握在那些怀疑文学功用的人手中。他们所在的管理机构缺乏活力，不具备革故鼎新、一扫陈弊的肃杀之气，而这些是西方国家要求自己的君王应该具备的特质。实际上，执掌中国政坛的人严格遵照庄子的学说箴言。结果导致三点：第一，除非内战爆发、生活凄惨，中国人一直处于安乐状态；第二，属地享有自治权；第三，外邦不必害怕中国，不用忌惮中国稠人广众、资源丰富。

对比中华文明和欧洲文明，我们会发现，希腊有的很多东西，中国也有，但西方文明三元素的另外两个——犹太教和科学，中国没有。实际上，中国完全没有宗教，不仅社会上层不信教，整个人口都不信。中国有一套清晰明确的伦理准则，但这种准则既不严苛，也不迫害人，而且不包含"罪孽"这一观念。在晚近①受欧洲影响之前，中国一直没有西方所谓的科学，不注重发展工业。

这一古文明与西方接触之后，会产生什么样的结果？我想的不是政治或经济结果，而是对中国人思想观念的影响。要把这两种问题剥离开来并不容易，因为中西文化接触少不了政治经济方面的接触。但我还是想把文化问题摘出来，单独谈一谈。

中国人对西学求知若渴。师从西人，不仅是为了壮大国力，抵抗西方入侵，更因为很多人本身就好学爱学。中国人素以学问为重。但在过去，他们只学古文典籍。现在，中国人普遍意识到西学用处更大。每年都有很多中国学生去欧洲大学学习，去美国的更多，为的是学习科学、法律、经济学、

---

① 晚近时代，指从1840年鸦片战争到1949年中华人民共和国成立这一段时间。——编者注

政治学。这些人学成归国后,多数任教、入仕、执笔新闻报章,迅速让中国人尤其是有识之士具备了现代思维。

中国传统文化一度倒退,不求进取,创造出的艺术文学没有多大价值。我认为,这不是因为人种堕落,而仅仅是因为没有新材可取。西学刚好提供了中国所需的刺激。中国学子聪慧颖悟,才思敏捷。中国高等教育缺资金,少图书馆,但完全不缺最优秀的人文材料。虽然中华文明缺失科学这一项,但从未仇视科学,所以科学知识在中国传播过程中没有碰到教会在欧洲遇见过的多种障碍。我绝不怀疑,如果中国政治稳定、资金充裕,将在未来30年间取得卓越科学成就。中国很可能会超过西方。因为中国人对科学知识怀着一腔新热望,有壮怀才情造就一轮复兴。实际上,"少年中国"在学习上的热情总让人想起15世纪意大利的复兴精神①。

中国人和日本人有一点区别很大。那就是,中国人想从西方学的不是富国强军那些东西,而是具有伦理和社会价值的东西,或者说是纯粹的智识。他们并没有对西方文明不加批判、照单全收。一些中国人告诉我,1914年前,他们批判意识不强,但第一次世界大战让他们觉得西方生活方式肯定有一些不尽完善之处。但中国人向西方寻求智慧的惯性依然非常大。有一些年轻人认为布尔什维克主义就是他们想找的东西。这种希望肯定会变成失望。用不了多久,他们就会意识到,他们必须综合各种资源手段,找出自我救赎方案。②日本人学了西方人的缺陷,还保留着他们自己的缺陷。但我

---

① 虽然罗素在这里作比参照的时间跨度并不正确,但他写下此语一百多年以后,这番预言听起来颇具先见之明。

② 不用说,罗素这番预言缺乏远见。

们可以抱这样的希望：中国会反向而选，保住自己的优点，同时吸收西方的优点。

我认为，西方文明的典型优点是科学方法。中华文明的典型优点是中国人对人生目的有公正评判。把这两点逐渐综合到一处必为众人之所望。

老子认为，道的运行是"生而不有，为而不恃，长而不宰"。我认为西方人必须像中国人那样，对这句话深思玩味，从中体会到人生目的所在。而且我们必须承认，中国人的人生目的跟多数白人为自己设计的目标迥然不同。"有""恃""宰"既是白人国家也是白人个体汲汲以求的目标，还让尼采立为哲学，而尼采的弟子不只德国有。

但有人会说，你一直是在拿西方实践同中国理论比较，但如果比较一下西方理论和中国实践，就会发现结果很不一样。这话当然说得很有道理。老子想让我们摈弃的三种东西之一是"有"。一般中国人当然很重"有"。……

但就另两种恶"恃"和"宰"而言，我注意到中国实践肯定要比我们西方高明。与白人相比，中国人欺凌其他民族的欲望要小得多。正是这种"德"，以及腐败之"恶"导致中国成为世界弱国，而不是人们经常认为的中国就是因为腐败才衰落。如果说世界上有哪个国家"骄傲到不屑打仗"，那这个国家非中国莫属。中国人天然有这样一种态度——宽容，友善，恭敬有礼，希望别人也报之以礼。如果中国人愿意，中国会是全世界最强大的国家。但他们只求自由，不愿主宰。其他国家可能会强迫他们为自由而战，这也不是没有可能。如果是这样的话，中国人就会失去美德，养出称帝的胃口。不过，就目前来看，虽然中国人实行皇家世代传承之制已有两千年，但他们对帝国没有恋念。

虽然中国战乱频仍，但中国人天然有这样一种观念——思和慕静。我不知道还有哪个国家会出这么一个诗人，把一个逃兵当作英雄去歌颂。比如，阿瑟·韦利①所译白居易②的《新丰折臂翁》。中国人思和慕静之观念源于两个方面：第一，他们善于思考体悟；第二，他们无为静观，无意改变眼中所见。从中国画里就可以看出来，中国人从观察万物各异情状中得到愉悦，不愿先入为主设定图景，再缩减万物配图入景。他们没有西方人视为第一要务的进步理想。当然，即便对西方人来说，进步也是现代才有的理想，是科学和工业化大生产的组成部分。今天学识深厚、思想保守的中国人说话措辞的方式跟他们古之圣人笔下写的一样。如果有人指给他们看，某个方面进步甚微，他们会说："卓尔不凡有之，缘何求诸于进步？"欧洲人最开始听到这样的观点，会觉得说这种话的人傲慢怠惰，但久而久之，智慧渐增，我们开始会想，我们西方人所称的进步在很大程度上只是躁动不安的变化，根本不能让我们接近理想目标。

对比一下中国人在西方找到了什么和西方在中国找到了什么，深有意趣。中国人在西方找到了知识，希望知识是通向智慧的大门，但我怕这种希望一般都会落空。白人来中国有三种动机——打仗、挣钱、传教。最后一种动机带有理想主义的优点，启迪成全了很多英雄事迹。但士兵、商人、传教士关注点都差不多，都是要在全世界打上西方文明印记。

---

① 阿瑟·韦利（Arthur Waley, 1889—1966），英国翻译家，尤以将中国诗歌翻译成英文而闻名。
② 白居易（772—846），唐朝诗人。

从一定意义上来讲，他们这三种人都爱寻衅滋事。中国人无意让西方人修习儒学。他们认为，"教有多宗，理出一端。"怀着这种观点的中国人乐于看我们自行其是。他们善商贾，但买卖之道与在华欧洲商人迥然相异。后者不断地谋租界，求垄断，筑铁路，开矿山，汲汲营营用坚船利炮变现权利要求。中国人本不善带兵出战。因为，他们知道，别人要他们打的那一战不值得一战。不过，这只是他们善于以理服人之特质的一个明证。

我认为，中国人善于包容接纳，远非拘泥本土经验的欧洲人所能想象。我们西方人自以为包容接纳，只是因为我们比我们的先人做得要好。但我们仍然在实施政治与社会迫害。而且，我们执意认为，我们的文明和生活方式远胜他人。所以，在遇到中国人的时候，我们自信地认定，能让他们像我们是至善。我认为这是大错特错。在我眼中，一般中国人就算到了穷困潦倒的地步，也还是比一般英国人过得幸福快乐。原因就在于，在思想观念上，中华民族比我们这个民族更仁厚，更文雅。躁动不安、好勇斗狠不仅产生了各种显而易见的恶果，还让我们不知道满足，丧失了因美而悦的能力，几乎不再具备善思考、勤体悟的美德。就这方面而言，我们在过去百年间退化得相当厉害。我不否认中国人在其他方向上走过了头，但正是基于这一原因，我认为中西接触可能会对双方都有益处。中国人可以从我们这里学到最基本的效率观念，这对实际生产生活必不可少。我们可以从他们那里学到善思善悟的智慧——正是这种智慧让他们血脉相承，绵延不绝，而其他古国早已消失得无影无踪。

我来中国是为了讲学。但在这里的每一天，我想的比较少的是，我要跟中国人讲什么；想的比较多的是，我能从中国人身上学到什么。在久居中国的欧洲人那里，我发现这种态度并不少见。但从短暂驻留，或者仅仅是来这里赚钱的欧洲人那里，我发现这种态度非常罕见，令人感到悲哀。在后一种人眼里，中国人在西方看重的东西——军事实力和工厂企业上并不精擅。所以他们不认为要跟中国人少讲多学。但那些看重智慧、美感，或者仅仅是简单朴素生之愉悦的人，会发现这些东西在中国比较多，在心神不定、动荡混乱的西方比较少。有了这番发现之后，这些人愿意生活在看重上述东西的地方。我愿，我能怀抱这样的希望，中国人在学到我们的科学知识后，能给我们一些回报——他们能让我们学学他们的包容接纳，宽宏大度，善思善悟，恬淡平和。

13

现代欧洲人的中国智慧：
卡尔·古斯塔夫·荣格

卡尔·古斯塔夫·荣格（1875—1961）是瑞士人，早年曾与西格蒙德·弗洛伊德①共事，后因理念不和而分道扬镳。他在20世纪20年代创立了自己独特而影响力巨大的分析心理学和精神分析学派，此后余生都在思索亚洲尤其是中国文化中的符号与观念的解释和意义。在他的一些关于集体无意识的重要作品中，荣格阐述了如何通过藏传佛教中的曼陀罗冥想艺术手段来获得这种无意识。②

中国古籍《易经》英译版的问世让荣格对中国这个自己从未踏足、语言不通的国家的文化、智慧和精神遗产心驰神往。然而，荣格最为着迷的是如何用中国古代智慧来指导现代西方生活。荣格于20世纪中期创作的《原型与集体无意识》在无意之中对理解"神秘

---

① 西格蒙德·弗洛伊德（Sigmund Freud, 1856—1939），奥地利精神病医师、心理学家、精神分析学派创始人。——译者注
② 卡尔·古斯塔夫·荣格，《原型与集体无意识》(The Archetypes of the Collective Unconscious)，普林斯顿：普林斯顿大学出版社，1969年。

的""异域的"东方智慧和洞察力做出了贡献。

卫礼贤翻译的《易经》在1923年首次以德文版问世,1951年又以英文版面世,获得了巨大的成功。① 正如荣格在英文版《易经》序言中解读的那样,这本两千五百年前的典籍散发着神秘的气息,其中包含六十四卦,根据蓍草掉落的卦象来进行占卜,这些卦象能够答疑解惑,为寻求启迪的人提供有意识或无意识的灵感和答案。后来的学术研究表明,卫礼贤的大部分翻译是有问题的,甚至存在一些错误。此后又出现了一些更可靠的《易经》翻译版本,最近的一个版本由闵福德②翻译。当然,这没有减损荣格解读卫礼贤版《易经》的水准和深度。例如,他关于中国作家如何构建因果关系和时间流的论点得到了弗朗索瓦·于连的赞同,他还提出了欧洲知识分子倾向于因果关系中的过程和顺序的观点,即其所谓的"共时性"(synchronicity)——心诚则灵,而于连称之为"临在性"(imminence)③。

荣格接受过西医训练,是心理治疗和治疗新方法的创建者,这是他能够从卫礼贤版《易经》中获得灵感的重要原因。他通过下文的"鼎卦"和"晋卦"来演示易经占卜的深奥内涵和丰富哲理,展现了一个受西方思维熏陶的人如何创造性地融入"东方"思想——知其然知其所以然。

---

① 卫礼贤(Richard Wilhelm, 1873—1930)译《易经》,伦敦:劳特利奇出版社,1951年。
② 闵福德(John Minford, 1946—),英国汉学家、文学翻译家,曾翻译《红楼梦》等中国名著。——译者注
③ 弗朗索瓦·于连,《功效:在中国与西方思维之间》(*A Treatise on Efficacy: Between Western and Chinese Thinking*),珍妮特·劳埃德译,火奴鲁鲁:夏威夷大学出版社,2004年,第16–20页。

第四部分　现代人的中国之问

节选自卫礼贤版《易经》序言[①]

  假如《易经》的意义很容易掌握，序言就没有必要写。事实却不是这样，重重迷障正笼罩在它上面。西方学者往往将它看成咒语集，认为它太过晦涩难懂，要不然就是认为它了无价值。理雅各的翻译[②]，是到目前为止唯一可见的英文译本，但这译本并不能使《易经》更为西方人的心灵所理解。相比之下，卫礼贤竭尽心力的结果，却开启了理会这本著作的象征形式之大道。他曾受教于圣人之徒劳乃宣，[③] 学过《易经》哲学及其用途，所以从事这项工作，其资格绰绰有余。而且，他还有多年实际占卜的经验，这需要很特殊的技巧。因为卫礼贤能掌握住《易经》生机盎然的意义，所以这本译本洞见深邃，远超出了学院式的中国哲学知识之藩篱。

  卫礼贤对于《易经》复杂问题的说明，以及实际运用它时所具有的洞见，都使我深受其益。我对占卜感兴趣已超过30年了，对我而言，占卜作为探究潜意识的方法似乎具有非比寻常的意义。我在20世纪20年代初期遇到卫礼贤时，对《易经》已经相当熟悉。卫礼贤除了肯定我所了解的事情以外，还教导我其他更多的事情。

[①] 卫礼贤译《易经》，伦敦：劳特利奇与基根·保罗出版社，1951年。——译者注
[②] 参考1882年牛津大学第一任中文教授、传教士理雅各的译本。
[③] 劳乃宣（1843—1921），字季瑄，浙江桐乡人，晚清学者、改革家，后半生定居苏州，清末修律、礼、法之争中礼教派主要代表人物之一。

我不懂中文，而且也从未去过中国，但我可以向我的读者保证，要找到进入这本中国思想巨著的正确法门，并不容易，它和我们思维的模式相比，实在离得太远了。假如我们想彻底了解这本书，当务之急是必须去除我们西方人的偏见。比如：像中国人这样天赋异禀而又聪慧的民族，居然没有发展出我们所谓的科学，这真是奇怪。事实上，我们的科学是建立在以往被视为公理的因果法则上，这种观点目前正处在巨变之中，康德的《纯粹理性批判》（*The Critique of Pure Reason*）无法完成的任务，当代的物理学正求守成。因果律公理已从根本处动摇，我们现在了解我们所说的自然律，只是统计的真理而已，因此必然会有例外发生。我们还没有充分体认到：我们在实验室里，需要极严格的限制其状况后，才能得到不变而可靠的自然律。假如我们让事物顺其本性发展，我们可以见到截然不同的图象：每一历程或偏或全都要受到概率的干扰，这种情况极为普遍，因此在自然的情况下，能完全符合律则的事件反倒是例外。

正如我在《易经》里看到的，中国人的心灵似乎完全被事件的概率层面吸引住了，我们认为巧合的，却似乎成了这种独特思想所关心的主要问题。而我们所推崇的因果律，却几乎完全受到漠视。我们必须承认，概率极为重要，人类耗费心神，竭力要击毁且限制概率所带来的祸害。然而，与概率的实际效果相比，从理论上考量获得的因果关系顿时显得软弱无力、贱如尘土。石英水晶自然可以说成是一种六面形的角柱体——只要我们看到的是理想上的水晶，这种论述当然非常正确。但在自然世界中，虽然所有的水晶确实都是六角形，却不可能看到两个完全相同的水晶。可是，中国圣人所看到的似乎是真实的，而非理论的形状。对他来说，繁复的自然律所构成的经验实体，比起对事件做因果的解释，更要来得重要。因为事件必须彼此一一分离后，才可能恰当地以因果处理。

《易经》对待自然的态度，似乎很不以我们因果的程序为然。在古代中国人的眼中，实际观察时的情境，是概率的撞击，而非因果链汇集所产生的明确效果；他们的兴趣似乎集中在观察时概率事件所形成的缘会，而非巧合时所需的假设之理由。当西方人正小心翼翼地过滤、权衡、选择、分类、隔离时，中国人情境的图象却包容一切到最精致、超感觉的微细部分。因为所有这些成分都会汇聚一起，成为观察时的情境。

因此，当人投掷三枚硬币，或者拨算四十九根蓍草时，这些概率的微细部分都进入了观察的情境之图象，成为它的一部分——这"部分"对我们并不重要，对中国人的心灵来说，却具有无比的意义。在某一情境内发生的事情，无可避免地会含有特属于此一情境的性质。这样的论述在我们看来，可以说陈腐不堪（至少表面如此）。但这里谈的不是抽象的论证，而是实际的状况。有些行家只要从酒的色泽、味道、形态上，就可以告诉你它的产地与制造年份。有些古董家只要轻瞄一眼，就可非常准确地说出古董或家具的制造地点与制造者。有些占星家甚至在以往完全不知道你的生辰的情况下，跟你讲你出生时，日月的位置何在以及从地平面升起的黄道带征状为何。我们总得承认：情境总含有持久不断的蛛丝马迹。

换言之，《易经》的作者相信卦爻在某情境运作时，它与情境不仅在时间上，而且在性质上都是契合的。对他来说，卦爻是成卦时情境的代表——它的作用甚至超过了时钟的时辰，或者历表上季节月份等划分所能作用的，同时卦爻也被视为它成卦时主要情境的指引者。

这种假设蕴含了我所谓的共时性这一相当怪异的原理，这一概念所主张的观点，恰与因果性所主张的相反，后者只是统计的真理，并不是绝对的，这是种作用性的臆说，假设事件如何从彼衍化到此。然而共时性原理却认为事件在时空中的契合，并不只是概率而已，它蕴含更多的意义。一言以蔽之，也就是客观的诸多事件彼此之间，以及它们与观察者主观的心理状态间，有一特殊的互相依存的关系。

古代中国人思考宇宙的方式可以和现代物理学家相媲美，现代物理学家不能否认他的世界模型确确实实就像《易经》里包含的主观现实一样，即瞬间情境的心理状况。正如因果性描述了事件的前后顺序，对中国人来说，共时性则处理了事件的契合。因果的观点告诉我们一个戏剧性的故事：D是如何呈现的？它是从存于其前的C衍生而来，而C又是从其前的B而来，如此等等。相形之下，共时性的观点则尝试塑造出平等且具有意义的契合之图象。A、B、C、D等如何在同一情境以及同一地点中一齐呈现？首先，它们都是同一情境中的组成因素，此情境显示了一幅合理可解的图象。

《易经》六十四卦是种象征性的工具，它们决定了六十四种不同而各有代表性的情境，这种诠释与因果的解释可以互相比埒。因果的联结可经由统计决定，而且可经由实验控制，情境却是独一无二、不能重复的，所以在正常状况下，要用同时性来实验，似乎不可能。《易经》认为要使同时性原理有效的唯一法门，乃在于观察者要认定卦爻辞确实可以呈现他的心理状态，因此，当他投掷硬币或者区分蓍草时，要假定它一定存在于某一现成的情境。而且，发生在此情境里的任何事情，都统属于此情境，成为图象中不可分割的图式。但如此明显的真理如真要透露它的含义，只有读出图式以及证实了它的诠释以后，才有可能。这一方面要依赖观察者对主观与客观情境具有足够的知识，一方面要依赖后续事件的性质而定。这种程序显然不是习惯于实验证明或确实证据的批判性心灵所熟悉的，但对于想从和古代中国人相似的角度来观察世界的人士来说，《易经》也许会有些吸引人之处。

我以上的论证，中国人当然从未想过。相反，依据中国古老传统的解释，事实上是经由神灵诡秘方式的作用之后，蓍草才能给出有意义的答案。这些力量凝聚一起，成为此书活生生的灵魂。由于灵魂是一种有生命的存在，传统上认为人们可向《易经》提问，而且可预期获得合理的答复。谈到此处，我灵光一闪，突然想到：如果外行的读者能见识到《易经》怎样运作，也许他们会感兴趣。为此缘故，我一丝不苟，完全依照中国人的观念做了个实验：在某一意义下我将此书人格化了，我要求它判断它目前的处境如何，也就是我将它引荐给英语世界的群众，结果会怎样。

虽然在道家哲学的前提内，这样的处理方法非常恰当，在我们看来却显得过于怪异。但是，即使精神错乱导致的种种幻觉或者原始迷信所表现出来的诸种诡谲，都不曾吓到我，我总尽量不存偏见，保持好奇，这不就是"乐彼新知兮"（对新事物的渴望)吗?① 那么,此次我为何不冒险与此充满灵的古代典籍对谈一下呢?这样做,应当不至于有任何伤害,反而还可让读者见识到源远流长、贯穿千百年来中国文化的心理学之方法。不管对儒家或者道家学者来说,《易经》都代表一种精神的权威,也是一种哲学奥义的崇高显现。我利用掷钱币的方法占卜,结果所得的答案,是第五十卦②——鼎卦。

按照我提问的方式,《易经》的卦爻必须被视为一个会说话的人。因此,它将自己视作一座鼎,视作含有熟食在内的一种礼器,食物在这里是要献给神灵享用的。卫礼贤谈到这点时说道:

鼎,作为一种精致文明才拥有的器物,示意才能之士应当砥砺自己为了邦国利益牺牲奉献。从这里我们可以看到文明在宗教上已达到颠峰。鼎提供牲礼,因此,尊崇它们即尊崇上帝。透过它们,上帝的旨意应当被谦卑地接受下来。

回到我们的假设,我们必须认定:《易经》在此是在给自己作见证。

当任何一卦的任何一爻值六或九之时,表示它们特别值得注意,在诠释上也比较重要。在我卜得的这个卦上,神灵着重九二、九三两爻的九(即变爻),爻辞说道:

---

① 拉丁语,"渴望了解新事物"。
② 易经六十四卦对蓍草掉落的形状进行了编号。

九二：
鼎里面有食物
我的同伴却忌妒我
但他们不能伤害我
何其幸运
(《易经》原文：九二，鼎有实，我仇有疾，不我能即，吉。)

因此，《易经》曰："我有（精神）食粮。"分享伟大的东西，常会招来忌妒，忌妒之声交加是图象里的一部分。忌妒者想剥夺掉《易经》的巨大财富，换言之，他们想剥夺掉它的意义，甚至摧毁它的意义。但他们的恶意毕竟成空，它丰富的内涵仍然极为稳固，它积极的成果仍没有被抢走。爻辞继续说道：

九三：
鼎的把柄已更改
其人生命之途受到阻碍
肥美的雉鸡尚未被享受
一旦落雨，悔恨必有
然幸运必落在最终的时候
(《易经》原文：九三，鼎耳革，其行塞，雉膏不食。方雨亏悔，终吉。)

把柄是鼎上可以把握的部位，它寓意了《易经》（鼎卦）里的一个概念（德文的"把柄"作 Griff，"把握"作 gegriffen，"概念"作 Begriff）。但随着时光流逝，这个概念显然已有改变，所以我们今天已不再能够把握《易经》，结果"其人生命之途受到阻碍"。当我们不再能从占卜睿智的劝谕以及深邃的洞见中获得助益时，我们也就不再能从命运的迷宫以及人性的昏暗中辨出明路。肥美的雉鸡是再度承受甘霖，也就是空虚已被克服，痛失智慧的悔恨也告一段落时，渴望已久的时机终再降临。卫礼贤评道："此处描述一个人身处在高度发展的文明中，却发现自己备受漠视，其成效备受打击。"《易经》确实在抱怨它的良质美德受人忽视，赋闲在地，可是它预期自己终将会再受肯定，所以又自我感到欣慰。

针对我向《易经》质询的问题，这两段爻辞提出了明确的解答，它既不需要用到精微细密的诠释，也不必用到任何精构的巧思及怪诞的知识。任何稍有点常识的人可领会答案的含义，这答案指出一个对自己相当自信的人，其价值却不能普为人承认，甚至于连普为人知都谈不上。答者看待自己的方式相当有趣，它视自己为一个容器，牲礼借由它奉献给诸神，使诸神歆享礼食。我们也可以说：它认定自己为一礼器，用以供应精神粮食给潜意识的因素或力量（神灵），这些因素或力量往往向外投射为诸神——换言之，其目的也就是要正视这些力量应有的分量，以便引导它们，使它们进入个体的生命，发挥作用。这无疑就是宗教一词最初的含义——谨言慎行，敬畏神灵（numinous）。

《易经》的方法确实考虑了隐藏在事物以及学者内部的独特性质，同时对潜藏在个人潜意识当中的因素，也一并考虑了进去。我请教《易经》，就像某人想请教一位将被引荐给朋友认识的先生一样，某人会问：这样做，这位先生是否觉得高兴。《易经》在答复我的问题时，谈到它自己在宗教上的意义，也谈到它目前仍然未为人知、时常招致误解，而且还谈到它希望他日重获光彩——由最后这点显然可以看出：《易经》已瞥见我尚未写就的序言，更重要地，它也瞥见了英文译本。这样的反应很合理，就像相同处境的人士可以预期到的情况一样。

但是，这种反应到底是如何发生的？我只是将三枚小铜板轻掷在空中，然后它们掉下，滚动，最后静止不动，有时正面在上，有时反面在上。这种技巧初看似乎全无意义，具有意义的反应却由此兴起，这种事实真是奥妙，这也是《易经》最杰出的成就。我所举的例子并不是独一无二的，答案有意义乃是常例。西方的汉学家和一些颇有成就的中国学者很痛心疾首地告诉我：《易经》只是一些过时的咒语集。从谈话中，这些人士有时也承认他们曾向算命的相士——通常是道教的道士——请求占卜。这样做当然"了无意义"，但非常怪异的是：所得的答案竟然和问者心理学上的盲点极度吻合。

西方人认为各种答案都有可能答复我的问题，我同意这种看法，而且我确实也不能保证：另外的答案就不会有同等重要的意义。但是，所得到的答案毕竟只能是第一个，而且也是仅有的一个。我们不知道其他诸种可能的答案到底为何，但眼前这个答案已令我非常满意。重问老问题并不高明，我不想这样做，因为"大师不贰言"。笨拙而烦琐的学究之研究方式，老是想将这非理性的现象导入先入为主的理性模式，我厌恶这种方式。无疑地，像答案这样的事物当它初次出现时，就应当让它保持原样，因为只有在当时，我们才晓得在不受人为因素的干扰下，回归到自体的本性是什么样子。人不当在尸体上研究生命。更何况根本不可能重复实验，理由很简单，因为原来的情境不可能重新来过。每一个例子只能有一个答案,而且是最初的那个答案。

再回到卦象本身。整个鼎卦阐发了那重要的两爻所宣示的主题,这一点毫不奇怪。

卦的初爻曰:

鼎颠倒了它的足
以便清除沉滞之物
有人为得子而娶妾
无怨无诉
(《易经》原文:鼎颠趾,利出否。得妾以其子,无咎。)

《易经》就像一只废弃的鼎,颠倒在一旁,无人使用。我们需要将它翻转过来,以便清除沉淀之物,爻辞如是说道。这种情况就像有人在他的妻子无法生育时,才另娶妾妇,所以再度诉诸《易经》,也是因为学者再也找不到其他的出路后所致。尽管妾妇在中国有半合法的地位,实际上,她只是尴尬地暂处其位而已。同样地,占卜的巫术方法也只是为求得更高目标时所利用的方便途径罢了。虽然它只偶尔备用,但它的心里没有怨尤。

第二、三爻前已述及,第四爻曰:

鼎足折断
王餐四散
污及其臣
何其不幸
(《易经》原文:九四,鼎折足,覆公餗,其形渥,凶。)

鼎在这里被使用了,但情况显然很糟,因为占卜方式有误,或者遭到了误解。神灵的食物洒落一地,其人的颜面尽失。理雅各如此翻译:"臣民将因羞愧而脸红。"误用鼎这类的礼器真是大不敬,《易经》在此显然坚持鼎作为礼器应有的尊严,它抗议被亵渎使用。

第五爻曰:

鼎有黄色的把柄
金色的环
永保不断
(《易经》原文:鼎黄耳金铉,利贞。)

《易经》似乎重新正确地为人理解,即出现了一个可以用来把握它的新概念(黄色),这个概念甚有价值(金色)。事实上也是如此,因为有了新的英文译本以后,此书比起以往,更容易让西方世界接受。

第六爻曰:

鼎有玉环
大吉大利
无往不前
(《易经》原文:上九,鼎玉铉,大吉,无不利。)

玉以温润柔美著称,假如环是用玉制成的,整个容器看来必定是绮丽精美,珍贵非凡。《易经》此时不仅是踌躇满志,而且还是极度乐观的。我们只能静待事情进一步的发展，但同时也得对《易经》赞成新译本此种结果，感到称心快意。

在上述例证中，我已尽可能客观地描述占卜运作的情况。当然，运作的程序多少会随着提问题之方式的不同，而变化。比如说，假如某人身处在混乱的情境里，他也许会在占卜时现身为说话者的角色。或者，假如问题牵涉他人，那个人也许会成为说话者。然而，说话者的认定并不全部依赖所提问题的态度而定，因为我们和我们伙伴的关系并不永远由后者决定。通常我们的关系几乎全仰赖我们自己的态度——虽然我们常忽略此项事实。因此，假如个人没有意识到他在自己的关系网中所扮演的角色，他终将会感到惊讶：怎么会和预期的恰好相反？他就像经文偶尔指引的一样，过分夸大了自己的角色。有时我们将某一情境看得太严重，过分夸大了它的重要性，当我们请示《易经》时，答案会指向潜藏在问题里面一些被忽略的层面，这种情况也可能发生。

这样的例子乍看之下会让人怀疑神谕是错误的，据说孔子曾占卜出了第廿二卦，贲卦——一个极具美感的卦象。这使人联想到苏格拉底的神祇对他的劝导："你应该多研究些音乐。"苏格拉底因此开始玩起长笛。在执着理性及对生命的学究态度方面，孔子与苏格拉底难分伯仲，但他们两人同样不能达到此卦第二爻所劝说的"贲其须"（连胡须都很风雅）的境界。不幸的是，理性与烦琐的教学通常都缺乏风雅与吸引力，所以从根本上看，占卜的说法可能没有错。

再次回到卦象。虽然《易经》对它的新译本似乎相当满意，而且还甚为乐观，但这不能保证它预期的效果确实可在大众身上看出。因为在我们的卦里有两爻具有阳九之值，我

第四部分　现代人的中国之问

们可由此知道《易经》对自己的预期为何。依据古老的说法，以六（老阴）或九（老阳）称呼的爻，其内在的张力很强，强到可能倒向对立的一方上去，也就是阳可转变成阴，反之亦然。经由此种变化，在目前的案例上，我们得到了第三十五卦，晋卦。

此卦的主旨描述一个人往上爬升时，遇到各种命运变化，卦文说明了在此状况下，他究竟该如何自处。《易经》的处境也和这里描述的人物相同。它虽仿如太阳般高高升起，而且表白了个人的信念，但它还是受到打击，无法为人相信——它虽然继续竭力迈进，但甚感悲伤，可是，"人终究可从女性祖先处获得极大的幸福"。心理学可以帮助我们理解这段隐晦的章节。在梦中或童话故事里，祖母或女性祖先常用来代表无意识，因为在男人的无意识中，常含有女性心灵的成分在内。① 如《易经》不能为意识接受，至少无意识可在半途迎纳它，因为《易经》与无意识的关系远比意识的理性态度要来得密切。既然梦寐中的无意识常以女性的形态出现，这段话很可能就可以作如此的理解，女性带着母性的关怀，关怀此书。因此，对《易经》来说，这自然是"极大的幸福"。它预期可普遍让人理解，但也担忧会被人误用——"晋如鼫鼠"（如鼫鼠般前进）。要留神那告诫，"不要将得失放在心上"，要免于"偏心"，不要对任何人强聒不舍。

[……]

---

① 这是对荣格著名的男性原始意象和女性原始意象划分的间接引用，前者是女性无意识的男性化一面，后者是男性无意识的女性化一面，两者都构成了人类心灵的一部分。

这些都发生在我写下以上论述之前。当我得出此结论时，我希望了解《易经》对于最新的情况抱着什么样的态度，因为我既然已身涉其中，情况自然也随着我所叙述的而有了变化，而我当然也希望能聆听到与我的行为相关的事。由于我一向认定学者对科学应负责任，所以我不习惯宣扬我所不能证实，或至少理性上不能接受的东西。因此，我必须承认在写这篇序言时，我并不感到太过快乐。要给具有批判能力的现代人引荐古代的咒语集，使他们多少可以接受，这样的工作实在很难不令人踯躅不前，但我还是做了，因为我相信依照古代中国人的想法，除了眼睛可见的外，应当还有其他的东西。然而，尴尬的是：我必须诉诸读者的善意与想象力，而不能给他周全的证明以及科学而严密的解释。非常不幸的是，有人很有可能提出一些反对这具有悠久传统的占卜技术之论证，这点我非常了解。我们甚至不能确定：搭载我们横渡陌生海域的船只，是否在某地方漏了水？古老的经文没有讹误吗？卫礼贤的翻译是否正确？我们的解释会不会自我欺骗？

　　《易经》彻底主张自知，而达到此自知的方法却可能百般受到误用，所以个性浮躁、不够成熟的人士，并不适合使用它，知识主义者与理性主义者也不适宜。只有深思熟虑的人士才恰当，他们喜欢沉思他们所做的以及发生在他们身上的事物。但这样的倾向不能和忧郁症的胡思乱想混淆在一起。当我们想调和《易经》的占卜与我们所接受的科学信条时，会产生很多问题，我对此现象并没有解答。但无庸多言的是，这一点都不怪异，我在这些事情上的立场是实用主义的，而教导我这种观点之实际效用的伟大学科，则是精神治疗学与医疗心理学。也许再没有其他的领域，使我们必须承认有这么多不可预测的事情；同时再也没有其他的地方，可以使我逐渐采用行之久远，但不知为何运作的方法。有问题的疗法也许会不期而愈，而所谓的可靠方法却可能导致非常怪异的事情，理性主义者常心怀畏怖，掉头走开，事后再宣称他什么事情都没有看到。非理性，它盈满生命，它告诉我：不要抛弃任何事情，即使它违背了我们所有的理论（理论在最好的情况下，其生命仍甚短暂），或者不能立即解释，也不要抛弃。这些事情当然令人不安，没有人能确定罗盘到底是指向真实，还是指向了虚幻，但安全、确定与和平并不能导致发现，中国这种占卜的模式也是如此。那方法很显然是指向了自我知识，虽然它总是被用在迷信的用途上。

我绝对相信自我知识的价值，但当世世代代最有智慧的人士都宣扬这种知识是必要的、结果却一无所成时，宣扬这样的识见是否有任何用处？即使在最偏见的人的眼中，这本书也很明显地展露了一种悠久的劝谕传统，要人细心明辨自己的个性、态度以及动机。这样的态度吸引了我，促使我来写这篇序言。关于《易经》的问题，我以前只透露过一次：那是在纪念卫礼贤的一次演讲中说出来的，其余的时间我都保持缄默。想要进入《易经》蕴含的遥远且神秘之心境，其门径绝对不容易找到。假如有人想欣赏孔子、老子思想的特质，就不应轻易忽略他们伟大的心灵，当然更不能忽视《易经》是他们灵感的事情——我绝不敢公开表露出来。我现在可以冒这个险，因为我已八十几岁了，民众的善变对我几乎已毫无影响。古代圣贤的思想对我来说比西方心灵的哲学偏见价值更大。

[……]

中国人并不关心对于占卜应当抱持怎么样的态度，只有我们因为受到因果观念的偏见之牵绊，才会满腹迷惑，磕磕绊绊。东方古老的智慧强调智者要了解他自己的思想，但丝毫不在意他实现自己思想的方式。我们越少考虑《易经》的理论，越可以睡得安稳。

* * *

关于韦伯、罗素和荣格的三种截然不同的研究方法，有一点可以肯定的是，它们都产生自一个更容易接触中国的世界。对于诸如黑格尔这样的人物，或者更早的莱布尼茨和伏尔泰，他们只能依赖非常有限的原始材料，而韦伯、罗素和荣格所能接触到的关于中国历史、语言、社会发展和现状的资料则要多得多。罗素更是如此，因为他有机会亲眼见证这个国家。

这意味着丰富的资料和证据方面的佐证可以为他们的著作和观点阐述提供实证基础。这至少表明他们一致认为评估分析资料并对从中获取的佐证进行思辨至关重要。荣格的著作甚至以中国典籍翻译版为纲。这些译版典籍可能偶有错误，或者缺乏必要的信息，但他们至少知道在对中国做出判断之前先去了解中国，而不是妄加揣测。

这至少表明，他们共同致力于这样一种观点，即对资料的评估以及对证据做出反应的必要性至关重要。就连荣格的作品也受到了中国翻译文本的影响。

第五部分

寻求变革:毛泽东时代的中国

20世纪50年代,毛泽东思想在中国得以形成和发展起来,得到了欧洲共产主义党派和广大左翼社会主义政党的推崇,[1]但受毛泽东思想影响最深的却是法国,本书引言部分对此有所介绍,并列举了一些关键人物。本部分摘录了三位立场各异但颇具代表性的作者的文章。他们三人都曾造访过中华人民共和国,虽然是限制性访问。西蒙娜·德·波伏娃和茱莉亚·克里斯蒂娃的视角是从性别问题出发,前者关于中国之行的作品也谈及地缘政治问题。

许多描写中国的重要左翼人士,无论是访问中国的人,还是从远处观察中国的人,在当时和之后都受到了激烈的批评。李克曼是言辞发自肺腑且最犀利的批评者之一。20世纪70年代初,他也曾作为比利时大使馆的文化随员居住在中国。在《中国阴影》一书中,他措辞辛辣地抨击了一些人的中国之行,比如上述三位法国知识分子:这些访问就像是提前策划好的。[2]

西蒙娜·德·波伏娃给人的印象是她来中国的目的非常明确,但对罗兰·巴特和克里斯蒂娃来说,在"文化大革命"后期访问中国,就像行走在迷雾之中一样。罗兰·巴特的中国之旅只留下了零零散散的记录,充满了漏洞、问题和疑惑不解。他对在中国的所见所闻大感失望。对克里斯蒂娃而言,她在共产主义制度下生活过,完全有资格对她所目睹的一切表示质疑。李克曼主要抨击的是一些非严肃性的问题,但中国当时的情况颇为复杂,很多是其未必了解的。本书的最后三篇节选文章恰以不同的方式彰显出上述情况。

---

[1] 参见汤姆·布坎南(Tom Buchanan),《东风:英国左翼与中国的关系(1925—1976)》(*East Wind: China and the British Left 1925–1976*,牛津:牛津大学出版社,2012年)。

[2] 李克曼,《中国阴影》(出版这本书用的笔名 Simon Leys——译者注),伦敦:企鹅出版社,1978年,第5页。

14

社会主义大团结：
西蒙娜·德·波伏娃

西蒙娜·德·波伏娃（1908—1986）是战后欧洲知识分子的标志性人物之一，她通过《第二性》(*The Second Sex*）发出了女权运动中的最强音，同时，她与人生伴侣让－保罗·萨特也是法国知名的公共知识分子。她在政治上对中国怀有同情心，这意味着她在1955年末对为期六周的中国之行所撰写的长篇叙述，在一定程度上可以被解读为代表了一些人的观点，这些人认为中国更像是一种政治理想而非一个国家实体。她目睹的似乎表明中国已经从昔日的剥削式社会经济和阶级关系中解脱出来，这也证实了她自己的独特观点。

尽管西蒙娜·德·波伏娃的作品冗长难解，但从内容来看，这些作品依然意义重大，揭露了西方国家对社会主义中国的态度往往掺杂着一些不可告人的目的，其中包括对中国的控制和操纵。在近代史的大部分时间里，中国都被视为一个可以被颐指气使、强行改变、对西方国家曲意逢迎的地方，而不是一个应该被客观看待的国家。

在这部分摘录文字中，西蒙娜·德·波伏娃谈到了中国是如何试图消除封建思想的残余影响，而今天，孔子这位战国时期的圣人重新走进人们的视野。此外，需要强调的是，当时中国正处于如日方升的阶段，但从 20 世纪 50 年代末开始，中国社会出现的各种问题引起了人们的关注。然而，当时的波伏娃刚刚见证了美国麦卡锡时代[①]的远去，因此她持有一种乐观时期的乐观观点。很多人认为她的观点过于天真。即便在国际共产主义失利的情况下，依然有许多人寄希望于中国，中国的情况也往往受到那些外部观察者的关注。引人注目的是，在这部分摘录文字中，西蒙娜·德·波伏娃不仅表示非常愿意参与中国的政治改革和发展，而且她笔下的描述在西方人看来也不再那么怪诞不经和难以理解，她对这些内部矛盾和变革也非常严肃审慎，而不是斥之为一个国家内部进行的秘密斗争。

---

① 20 世纪 40 年代末到 50 年代初，美国掀起了以"麦卡锡主义"为代表的反共、排外运动，涉及美国政治、教育和文化等领域的各个层面。——译者注

第五部分　寻求变革：毛泽东时代的中国

节选自《长征：中国纪行》[①]

艾田蒲[②]在一篇学究气十足而又欠深思熟虑的文章《狄奥根尼》[③]中说，在今天的中国，"崇拜孔子"和阅读古书是一种封建主义罪行。这种不符合逻辑的说法很让人惊讶，因为中共领导人甚至包括毛泽东本人经常引用孔子、孟子甚至朱熹的文章。反对进步、赞成回归自然的老子被贬得一钱不值，孔子的思想也遭到了批判，艾田蒲觉得很气愤，在他看来，孔子是个革命者。他还说，郭沫若[④]对儒家有一种神秘倾向，暗示党内有分歧的苗头。

这篇文章中的批评完全是错误的。"崇拜孔子"在今天不是罪行而是义务，我们已经知道，毛泽东的文化政策与胡适[⑤]不同：是1917—1919年的革命者践踏了那个古代圣人，而中国共产党却注意继承民族传统，把孔子当做是一个伟人。当然，在孔子的教学和众多古籍中，有好的东西，也

[①] Extract form «La Longue marche», Simone de Beauvoir © Editions Gallimard, Paris, 1957, with permission from Editions Gallimard. 节选部分参考［法］西蒙娜·德·波伏娃著，胡小跃译《长征：中国纪行》(*The Long March: An Account of the Modern China*，北京：作家出版社，2012年）中文译本：第213—219页，"第五章　文化"。——译者注
[②] 艾田蒲（Rene Etiemble，1909—2002），法国作家和学者，曾在索邦大学等地任职，著有多部关于新中国的作品，其中包括1976年出版的《我的毛泽东思想40年》(*Forty Years of My Maoism*)。
[③] 刊于巴黎月刊 *Diogene*。
[④] 郭沫若（1892—1978），中国考古学家、诗人、作家，1949—1978年担任中国科学院院长。
[⑤] 胡适（1891—1962），散文家、哲学家。

有封建糟粕，但设身处地，想想他所处的那个时代，人们就会觉得他是多么值得尊敬。所以，寺庙里不但矗立着他的雕像①——这并不能说明什么大问题，我在博物馆和文化展览中，也看到过他的画像被挂在显眼的位置，向导说起他时十分敬重。专门传播官方观点的《中国建设》②杂志，把孔子称为"封建时代的大思想家和大师之一"。谁都可以阅读古籍，艾田蒲本人也承认，中共领导人经常引用古代经典作品中的语句。

这种敬仰并没有让艾田蒲感到满足，他还要求把孔子当做是一个伟大的革命哲学家，说新儒学已背叛了孔子的真正思想。人们看到，无论是大师还是弟子，他们都维护尊卑秩序。日本内阁大臣风见章③看得很明白，他对占领中国的将军们说："你们统治中国人所需的唯一的东西，就是孔子的著作。"当然，孔子的学说中有新东西，他是思想家，同时也是革新家，但如果就此把孔子当做是革命哲学家，那么托马斯·阿奎纳也应该被当做是革命者了。是职业性的歪曲使得艾田蒲这样称赞官员和学究的道德的吗？他年轻的时候就知道什么是反抗，今天却觉得孔子宣扬的忍让能与这种反抗调和，这就让我不明白了。

事实上，看到《唱诗班儿童》的作者怒发冲冠地维护一种视家规和家庭价值为上的理论，这是很有趣的。艾田蒲自

---

① 有许多专门用于敬奉孔子的寺庙，正如有许多敬奉岳飞等其他人的寺庙一样。由于信仰的包容性，所以在非孔庙中也能见到孔子的雕像。——译者注
② 中国福利会出版的大型综合性期刊，1952年由宋庆龄创办。其以报道中国的社会主义建设成就、人民生活的变化及有关中国的各方面背景知识，增进各国人民对中国人民的了解和友谊为办刊宗旨。——译者注
③ 风见章（Akira Kazami，1886—1961），日本政治家（参与策划全面侵华战争——译者注）。

第五部分 寻求变革：毛泽东时代的中国

忒对中国文化有所了解，兴奋地在其所有的文章中，不管是什么文章，都要引用阴、阳、道。我想可能就是这种赶时髦的习惯误导了他：他只需一种智慧，即具有2 500年历史的中国智慧，就可以把维持现状的愿望与改变世界的意愿相混淆。

有一点，艾田蒲是对的：老子也不是革命者。所以，新中国不可能赞扬老子而贬儒学。"五四"时期的知识分子对墨子①抱有好感，这已经向他证明了这一点，新中国也向他表明了这一点。因为道教的精神首先是对现状不满，道教大师们嘲笑规章、仪式、尊严和社会德行，要求人人平等。为了反对旧的社会秩序，革命者可能会在一段时间里走向无政府主义。道教就是无政府的，代表着一个消极的时期，它讨厌古老的等级制度，在某种程度上来说是反儒的。但是，当积极的时期到来，合作开始，革命者不再与过去斗争，而是致力于建立新社会，这时，联盟便破裂了，无政府主义成了敌人。

[……]

针对毛泽东的批评，表明艾田蒲并不知道思想为何物。他认为意识形态完全是书本上的东西，但理论是有其根基的，其真实性存在于它所反映的社会中。……其实，如果艾田蒲稍微懂得多一点，他就会知道，儒家无论如何也不会是马克思主义理论家们的最大敌人，他们不需要跟它作战，……那些落后的知识分子所继承的这种意识形态是当时

---

① 墨子（公元前476/480—前390/420），战国时期哲学家，"兼爱"理念的倡导者。

的资产阶级为自己而创造的,是胡适从杜威①那儿搬来的实用主义和唯心主义的大杂烩。艾思奇②是中国共产党最重要的思想家之一,他不断批判的不是孔子,而是胡适,批判胡适的主观主义和不可知论。……显然,关于世界的现代观,比如说马克思主义,与其他同样也是现代的世界观才能真正交火。古代的上层建筑,只有作为历史回顾的时候才会让他们感兴趣。

不过,延安③所确定的"新民主主义"要求中国文化要牢记传统。中国的马克思主义者遵守这个纲领,主动引用古代大师的话。从某种程度上来说,他们是有选择地借鉴古人的哲学。总的来说,古代的思想多少丰富了他们的意识形态,所以,他们在抛弃孔子的社会观的同时,也保留了他的一些个人道德观,其中包括与"诚"相关的"内在修养"④。真正的圣贤不满足于宣扬道德,而且要真诚地追求道德,即便没有旁人也要讲道德。"君子必慎其独。"孔子说。"诗三百⑤,一言以蔽之,曰'思无邪。⑥'"明朝的时候,一个著名的儒学家刘宗周⑦把"慎独",即"内省的道德修养功夫",当做是道德原则。原因我已经说过,是为了保证社会秩序的戒律成为内在的需要。今天,这个道理依然适

---

① 指约翰·杜威,20世纪20年代初在北京大学任教期间居住在中国。
② 艾思奇(1910—1966),中国蒙古族马克思主义哲学家。
③ 延安从1937年起成为中国共产党人在中国北部的革命基地。
④ 参见《论语》。
⑤ 《诗经》,中国最早的诗歌总集,收录自西周初年至春秋中叶(约公元前11世纪—前6世纪)的诗歌305篇。
⑥ 同⑤。
⑦ 刘宗周(1578—1645),明朝儒家学者。

第五部分　寻求变革：毛泽东时代的中国

用，例如中国的军队分布在这个有6亿人口、面积辽阔的国家里，只有出自内心的忠诚，党对他们的领导才是稳固的。所以，毛泽东在他的伦理学文章中，刘少奇①在他著名的《论共产党员的修养》中，引用了许多现代小说和故事中反映的"内在良知"这一儒学主题。一个优秀的共产党员，是努力战斗的人：光做一个外面老实、表面热情的人是不够的，必须诚实，而诚实体现在行动上，尤其是没有旁人在场的情况下。作为一个道德忠诚的例子，他们经常引用明代一个叫文天祥②的英雄的事迹，尽管国家已被蒙古人消灭，他仍拒绝背叛。他被投入监狱，但没有人能让他投降。能经受得住孤独的考验，才是一个真正的共产党员。

马克思主义者否认"人性"这一概念。不过，中国的马克思主义者身上有一种精神，让人想起孟子③的乐观主义。

---

① 刘少奇（1898—1969），中国革命家和中国共产党领导人。1959—1968年任中华人民共和国主席。
② 文天祥（1236—1283），诗人和政治家，曾抵抗元朝士兵对宋朝的入侵。
③ 孟子认为人性是善的，荀子却认为人性是恶的。其实，我觉得把他们放在同一个层面上来考察是不妥的。只有那些假设人性邪恶的人才会相信，"人的本性"是一种充满邪恶的力量，顽固地抵制理性社会的所有诱惑。孟子说："人性之善也，犹水之就下也"，恶是因为"鬼迷心窍"，这其实是说，人是由外在环境所决定的。除了这种环境，他的生存是抽象的。如果把他放在环境中来考察，我们就会发现，他的内在完全是由外在决定的。孟子说："菽粟如水火，而民焉有不仁者乎？""人性"这一观念贯穿在他的思想体系中，就像数学中的纯虚数：它方便计算，但不会出现在结果中。所以，孟子对君主的言论，谈的是租地、税赋、关爱老人，而不是人心。"若民，则无恒产，因无恒心。苟无恒心，放辟邪侈，无不为己。及陷于罪，然后从而刑之，是罔民也。焉有仁人在位罔民而可为也？是故明君制民之产，必使仰足以事父母，俯足以畜妻子，乐岁终身饱，凶岁免于死亡；然后驱而之善，故民从之也轻。今也制民之产，仰不足以事父母，俯不足以畜妻子，乐岁终身苦，凶年不免于死亡。此惟救死而恐不赡，奚暇治礼义哉？"有些马克思主义者显然从孟子身上看到了唯物主义的思想倾向：认为道德绝对应该服从经济。

没有人一开始就是坏的，没有人不让你成为英雄。我们要做的，就是教育人们，把真实情况告诉他们，让他们从善，这就是共产党这一新圣贤的首要任务。一篇关于《大学》的评论文章说："亲，当做新①……新者，革其旧之谓也，言既自明其明德，又当推以及人，使之亦有以去其旧，染之污也。"毛泽东提倡的"整风"②或者是"改掉坏毛病"可以与儒家的"新"相比较。在今日的中国，所有领域中都流行着这句口号：改造，改掉旧思想，自我改造和改造别人。大家都知道对青少年犯罪分子和反革命分子进行"再教育"的重要性。再教育是在所谓的"再教育中心"进行的，也在监狱进行，它继承了儒家传统。

甚至在中国共产党人身上，也能找到这种政治乐观主义的痕迹。在旧中国，这种乐观主义把德行与统治联系了起来。上天将让失去德行的皇朝失去统治，即失去权力。所以，国民党的腐败导致了自己的灭亡，红军则通过自己的诚实、人道和利他主义，赢得了中国农民的心，获得了他们的支持。毛泽东与刘少奇于1949年合写的《思想导读》中提到著名的李闯王③的故事：他依靠自己的德行推翻了明朝，却被胜利冲昏了头脑，犯了错误，导致了自己的灭亡，最后被满清推翻。他的成败被当做一个例子，象征着共产党所面临的危险，党员必须继续行使好自己的权力，否则就会失败。不过，

---

① 《大学》开篇："大学之道，在明明德，在亲民，在止于至善。"朱熹在《大学章句》中把"亲民"改为"新民"，即亲新通假，意在使人弃旧图新。"新"是革新、创新之意。——译者注
② 整风的意思是"整顿"，即整顿党的作风。
③ 李自成，1644年率众推翻明朝统治。

我们也不要夸大这种类似性,这种比较是很表面的。无论是基督教还是佛教,都讲究内在的良知,这也是所有真正的道德观所提倡的。现在,环境使中国共产党具有这样一个道德特征:个人还没有完全纳入社会,由于缺乏足够的社会压力,他们必须求助于自己的良知。但他们要达到的目的,也就是善恶观的具体内容,与旧哲学所宣传的善恶观是完全不同的。

我说过,在今天的中国,真正的意识形态问题,不是马克思主义与传统哲学的关系,而是它与现代哲学的关系。1956年之前,除了历史唯物主义,其他学说都受到了批判。最近十年,情况发生了巨大的变化。早在1956年1月,周恩来就在《关于知识分子问题的报告》中猛烈批判宗派主义,他还认为,唯物主义和唯心主义是对立的,就像各把它们当做上层建筑的社会主义和资本主义相对立一样,所以,他们之间有着无情的斗争。……当然,阶级斗争会反映到哲学论争上来,胡适的资产阶级唯心主义以及某些学派宣传的资产阶级社会学都受到了公正的批判。然而,政治与文化应该区分开来:文化要用不那么直接、"更加巧妙"的方式来反映阶级斗争。不承认这种区别,就是"左"倾的简单化的表现。只要存在着阶级,唯物主义和唯心主义的对立就会以阶级矛盾的方式反映出来,这种对立将在社会主义社会持续下去,直到进入共产主义社会。正因为共产党人是辩证唯物主义者,懂得这种双重性的必要性,所以不再制止宣传唯心主义。应该像允许宣传唯物主义那样允许宣传唯心主义。这两种学派应该自由对立,在意识形态问题上采取行政干预是无济于事的:必须严加杜绝。如果说唯物主义注定有一天将战胜唯心主义,必须有一个条件,那就是这两种理论都应该得到自由的发展。

中国现在采取的路线与几个月前人们所认为的完全相反，它并没有让哲学沦为某种严格的正统观念。以前，不但唯心主义被打倒了，所有独立的哲学家看到自己有可能被指责为唯心主义都不寒而栗。现在，枷锁被打断了，至少在理论上对思想自由没有任何限制。新的学说可以诞生和发展，不用担心自己会被划分到什么阵营，贴上什么标签：没有任何态度会被视为异端。不再死抱着某种偏见，这让马克思主义者看到了广阔的前景。从此，中国的知识分子可以重新创造一种能够切实反映新世界的意识形态了。

第五部分　寻求变革：毛泽东时代的中国

15

女性主义在中国：茱莉亚·克里斯蒂娃

　　茱莉亚·克里斯蒂娃（1941—）出生于保加利亚，20世纪60年代中期移居法国，对当代女性主义、文化理论、符号学和精神分析学做出了重要贡献。作为一名多产作家，克里斯蒂娃曾出版过诸多理论和文学作品。与罗兰·巴特一样，她与1960—1982年间在巴黎发行的前卫文学杂志《原样》(*Tel Quel*)颇有渊源。她还与《原样》杂志编辑和创始人、小说家菲利普·索莱尔斯[①]等人一同参加了1974年的中国之旅，并出现在罗兰·巴特对那次访问的描述中，巴特的描述也被本书节选收录。

　　克里斯蒂娃的《中国妇女》(*About Chinese Women*)是在其于1974年访问中国三年后出版的，其时毛主席已于1976年9月逝世。这部作品着墨于对中国进行女性主义批评和探讨"文化大革命"后中国社会，努力探索是否可以将1949年共产党"解放"中国视为全

[①] 菲利普·索莱尔斯（Philippe Sollers, 1936—），法国当代小说家、评论家、思想家，与罗兰·巴特、克里斯蒂娃等同为法国结构主义流派的代表人物。——译者注

球女性赋权的胜利或某种更复杂的情形。在这部作品中,克里斯蒂娃认为中国在 1950 年首次承认了中国妇女的合法权利(她用了整整一章的篇幅来论述《中华人民共和国婚姻法》——实际上是中华人民共和国颁布的第一部法律),这也说明了毛泽东在革命生涯过程中对女性解放的支持态度。克里斯蒂娃虽是一个在社会主义国家里长大的人,但有着良好的批判性思维,比较全面地剖析了中国的政权结构,以及中国共产党在各个社会层面运作的方式。

作为本书的重要摘录部分,克里斯蒂娃的作品生动地说明了一位来自欧洲的极具影响力的知识分子,作为一名游客或观察者,如何从远处冷静客观地观察和描写中国。对此,引言部分(以下节选开篇)进行了明确阐述。它表明了一名观察者是如何审视另外一种文化。

克里斯蒂娃和波伏娃一样,笔下也充满了对儒学影响的关注,尤其是它对性别角色的巨大影响,这种影响在当代中国依然存在。到了 20 世纪 90 年代,研究中国近现代史的史学家 W.F.J. 詹纳尔著书写道,中国的历史负担是沉重的——其核心是人民被赋予的社会和政治角色,既体现在政治或家庭权力结构和等级制度方面,也体现在男女两性之间。[1]

克里斯蒂娃的叙述显示出她对中国断代史的深入了解和真知灼见。她对中国妇女及其社会和政治角色的积极肯定是否过于理想化,值得讨论。中国共产党男性成员占比过半,但在商业等新的社会领域,女性扮演了更为重要的角色。

---

[1] W. F. J. 詹纳尔(W. F. J. Jenner, 1940—),《历史的暴政:中国危机的根源》(*The Tyranny of History: The Roots of China's Crisis*),伦敦:企鹅出版社,1992 年。

第五部分 寻求变革:毛泽东时代的中国

节选自《中国妇女》[1]

田野人类学家一定会遇到类似的冲突,"你是一个不同的人种"。但是,对于来到中国的我而言,更重要的是产生了一种震惊,这种震惊来自一个既不异域也不"原始"的社会,和任何"原始思维"也没有什么联系;相反,它来自我们所谓的"现代民族",它提出了"现代问题",其中还极易辨识出一些在我们看来落伍的或者令人不安的东西,即某种离我们并不遥远的东西——东欧制度。在这块土地上我不迷惑,因为至少我在那些红卫兵那里,看到了自己在少年先锋队和共青团[2]时期度过的少年时光,也唤醒了我对自己亚裔先人的记忆。这个国度是一个轻松跨进了现代世界的发达文明,却还保留着一种任何异国情调都无法调补的特殊逻辑,因此有一种陌异感长存其中。

我认为,今天中国革命的作用——即使不是最重要的——就在于在我们关于男人或历史的普遍观念之中,使我们得以穿过这一缺口("这里有他者")。如果对这个缺口视而不见,那也没必要去中国。显然有人发现了解决方法:其一,

---

[1] Julia Kristeva, *About Chinese Women*, (London: Marion Boyars Publishing, 1977), page 12–14 from 'Field Anthropologists' to 'continuous flux'; Page 42–whole page; page 157–160, from 'When a woman does not believe' to 'I scarcely glimpsed'. 节选部分参考[法]朱丽娅·克里斯蒂娃著,赵靓译《中国妇女》(上海:同济大学出版社,2010年)中文译本:第4—6页,"第一章 谁在说话";第148—151页,"第六章 采访"。——译者注

[2] 苏联和其他共产党执政国家中的一个青年政治组织。

他们通过塑造"保卫我们"的中国，来填补这个深渊（在我们西方，如果有人证实中国人在模仿、反对或者忽略我们，我们就有了一项或革命或修正主义或自由主义的事业，这一事业还将得到巩固）；其二，或者塑造"反对他们"的中国（即反对那些恶意歪曲中国的人们，这些人想迫使中国服务于"他们的"意识形态目标，而不是服务于"我们的"）。塑造的是"赞成"还是"反对"：我们的老斗士深谙其道。这一解决之道可对他人提供服务或压制，但它总是促使发现"他者"的这一机会丧失；对他者的发现，带来了机会去追问那些几乎难以察觉却令人不安的、此时此地的新问题，但我们总是丧失这些机会。

试图去勾勒所有的中国文明和中国现代社会的轮廓，确定户县①农民们那种复杂凝视的含义，那不是我的目标，也是无用的。事实上，他们什么也没做，除了回应我的目光，对于他们，我也不敢表达出所谓普遍的人道主义、无产阶级的兄弟情谊或虚假的殖民文明。这里，我要突出的是形成我们和户县人之间鸿沟的一个独一无二的方面——中国妇女、中国家庭的传统以及当前的革命。我如此选择，出于两个原因：

首先，在我的印象中，诸位专家的研究以及中国"文化大革命"的近况证实，无论是中国古代还是当前的社会主义时期，妇女和家庭的角色都具有特殊意义，而这为尊崇一神教的西方所不解。因此，从这个角度观察中国，也就是尝试

---

① 陕西西安一个区的原名，现名为鄠邑区。

着理解导致它独特的根源,即试图理解我们在户县产生的疏远感。如果我们对女人,对她们的状况和差异性不敏感,我们就会错过中国。那也就没必要对中国感兴趣,我们将走在人前,无法聆听背后户县广场上的沉默;即便最好的情况,有人注意到了这种沉默,充其量也只会觉得麻木、苦恼或者难过,选择永远地与他们隔绝,努力遗忘他们,最终,得以凭同样的方式遗忘整个中国,或者能不费吹灰之力地理解整个中国。

其次,也许更重要的是,做出这一选择是因为,如果在此处说话的西方的他/她,不置身于我们的一神教和资本主义组织已经分裂、崩溃和毁灭的立场,那么中国的他性(altérité)就将是不可见的。我脑海里立刻浮现出来的,是阶级斗争,是自1968年5月之后出现的政治和意识形态新结构。当然,他们并没有重复他们所反对的资本主义体系或者传统政治的逻辑。但是,谁没有重复呢,您很了解那些不重复的人吗?他们保留了自己的"新力量",这些仍然没有被组织起来的人们,惹来阵阵嘲笑,看上去就像是乌托邦主义者和政治"达达"派。如果中国的他性这一新事物是隐形的,那是因为他们处于我们世界的底层,被抑制着,是一神教的资本主义为了从意识形态上建构和巩固自身、为了抵抗所有的危机而去压制的那些事物呈现出来的症候。那些"新力量",是那些年轻人、那些女人、那些标新立异的艺术家和诗人们……仍然重要的是,他们在当代社会里的痛苦和烦恼,不仅仅是对一个社会关系觉悟了的反讽,也不仅仅是一个对新社会秩序的阴郁诉求,而是显露出在此处彼处那些参与了"时代变化"的事物,它们以如此相异的面貌——以"前历史"的终结,以不断求索的梦想与现实的面貌———一一出现。

[……]

这些主题,这些名词:它们是随心所欲的偶然选择吗?当然是;我自己的主观性太强了。但或许也正是因为这些主题和名词,使我们仍然延续着两千年以来的传统,仍然对这些社会斗争和革命,比如,避孕合法化的运动无动于衷。它们是否成为阻止我们审视中国的百叶窗?同样,如果百叶窗打开了,中国将进入我们的视野。其次,关于中国的现实,在此涉及的完全不限于汉学、当代史或我们自身观察所获取的信息。在我们的中国之旅中这样做意味着我们可以通过我们的模式和习惯了解中国的现实;它符合我们的观察方式。我并不是说西方人看不到这个现实,尽管他们总为知识的相对性所束缚。我只是说,在试图近距离观察另一边发生的事情之前,我们必须调整一下视角。与此同时,接下来的笔记只不过是朝着这个方向迈出的犹豫不决的第一步。

[……]

采 访

为了使自身的存在合理,当一个女人不信神时——她就像所有人一样——相信男人;但无论信任哪一方,事实都一样。解决这个"两难处境"只有一个办法:那就是,意识到无论"男人"还是"上帝",准确地说,都是一种对共同体的隐喻。即指社会凝聚和延续、语言或者其他起到黏合和同质化的事物。因此，当女人的意志如此颓丧，甚至不再信任和挪用意志时，她就将开始书写关于自己的东西，做跟自己有关的事，不为任何理由。如果说，语言的存在对所有人来说，都是一个不可能的任务；对于一个女人，它尤其具备一种中和功效，印象也更为强烈。

因此，我希望我能描画中国妇女的脸庞：平静而又光滑、双唇紧闭却毫无敌意。在抵达北京的第一个夜晚，我们看见，她们踩着自行车笔直向前，有的则一脸严肃地面对着子女，丝毫没有觉察到半明半暗中的我们。

一身蓝灰色的服装，衬托出一种温柔而又脆弱的冷淡，几乎不可逾越，它掩护着女人们的身体，就像狂轰乱炸的恐慌年代防护在屋顶上的帆布。而我自己，一个永远的陌生人，沉浸在拒绝成为其中一员的情绪之中，而当她们忘我地注视着我时，当我裤腿的宽下摆使长城上碰见的一个老农妇喊出"外国人"的时候，我又倍感高兴。面对中国男人们，我却自在随意。不被这些中国妇女赏识，并被她们孤立，不是由于欧洲人或亚洲人的身份——它来自一种不适的立场，需要我理解她们当前命运中的少数事实。这个立场令人难受，却是唯一的可能。以目前所有对中国社会的了解，你就会明白，如果对中国妇女不感兴趣，也不喜欢她们，你就没必要去中国。你带着误解，慵懒地面对所有见闻，也从不去攀登长城；故作风雅地拘泥于自己的世界，令人无法靠近——也难以确定或应对隐藏在这些海报和铅版画背后的真实。

我希望我能够临摹中国妇女的身体：上了年纪的或者孕妇多少有些肥胖和丰满，总是有着椭圆形的曲线，一幅勉强着地的样子。清晨她们不跳舞，而是适度地摇摆着身体：在天安门广场上，或者在柳絮飘舞的乡间小路上，我们都能看见她们的身影。同样宽大的衣服罩着脖子和手腕，配上宽松的裤子，无法衬托身材，我也只能凭空地揣摩。那些柔弱的肩膀，平实的胸脯，健硕的腰臀以及粗短的大腿，形成稳定的重心，使得走路毫不费劲。当她们挥舞画笔和指挥棒时，敏捷的手腕和迂回的双臂，漫不经心地滑过孩子们的身体。（这些小男孩强壮的小腿肚，从偶而被抬起的裤腿中裸露。）女人们的膝盖和脖子处鼓胀起来，双臂挥舞着；强壮的大腿，平坦的小腹，皮肤坚实而神情放松，血管里仿佛流淌过一丝未经声张的快乐，就像激情过后的睡眠那样自信和安稳。

我希望我能够重现中国妇女的声音：响亮，有着天鹅绒般的醇和，有时又低得几乎听不见。当话题转向意识形态时，或者当身体转向一个喇叭发言，就像剧场要求的那样时，声音是从胸腔中发出来的，有时也能突然从喉咙里尖锐地发出嘘声，直冲头顶，富于进攻性，充满了狂热、兴奋甚至某种胁迫的味道。在表达这些稍纵即逝的观察时，我迷失在一种担忧或一种无名的隐秘快乐之中，还会被一种试图吸收它们的意念冲昏头脑，这个意念当面拒斥这些观察，把它们抛掷到我们谁也没有机会看到的一种无限中去。

我希望能够模仿这些中国妇女的笑：它们绽放在女人的唇上和眼角，谦逊的面纱消失了，那里接连爆发出阵阵的幽默和反讽。这种笑从不悲苦，充满了某种彻悟，以及知其不可为而为之的从容；这种笑里从来没有苦涩，也没有失望。

我希望我已经能够书写广场中、公园里、田野上和工厂内的那些人群。那些男人，以一种紧张而单纯的谦逊，聚集在那些同样不起眼却更为轻松和善的女人们周围；女人们优雅的姿势出卖了不肯承认的性爱生活。穿过当下的政治和意识形态权威，另一种权威建立起来了，它更为隐蔽，也更永恒不变，显然也更加积极，因为它统治的是一个前政治的世界，由无人诉说、却从女人的画笔流露出来的原始欲望所建构。人群中，女人是空虚与和平的中心，注定要劳作的男人们，将所有行动从这个中心散发且汇聚。在此，我从未从中国妇女眼里看到过地中海式的怀旧和愁苦，或许它们都只出现在男人们那里。

之所以"书写"，是因为我们缺乏必要的距离，去判断中国家庭以及中国妇女在特定时期的生活及其发展的那些决定性事实；同时，如同我们最终能做到的，就是当涉及往事时，我们就去历史中冒险。"书写"，倾注着友谊和爱，使之象征化，而不假装出了解的样子，它写出的不只是我游览或研究的真实情形，还有使我们精神失衡、无法把握的那些运动。为此，需要与她们一起生活，成为其中一员。甚至不需要这样，既然他们（或她们）比我们更好地创造了他们的乔伊斯或卡夫卡，如果有一个正当的理由……或者，无论是面对还是离开中国，我都需要写下眩晕的感觉，征服这个受够了语言、试图逃避自身的感觉：虚构的漩涡。不，然而那不是我真实的请求，不是我此时此刻的现状：我仅仅是在试图想象一个"我们"，它能够理解各种生产模式中与"这些女人"相关的事物——而不仅仅是习惯性地去体验这个复数"我们"的不可能性。于是，写作将再一次被延迟……

为了不逃避那些友好的注目，我走向了发出这些笑容的身体；为了不抹除那个恼人的问题："我是否不同于那些看火车经过而不知它将前往哪个集中营（古拉格）的游客？"；为了保留质疑和公开性，我带到中国的，是一种友爱，同时也是一种无知和拒绝性的关注。这里没有游戏，一切皆有可能，包括失败，但它和我们的失败不同，是一个新社会主义的发明。不过它无法成为一个典型，除了过于冗长的名称外——在这里，这些主题、这些女人的形象，隐约浮现。

第五部分 寻求变革:毛泽东时代的中国

16

同行者:罗兰·巴特

　　法国哲学家罗兰·巴特(1915—1980)在符号学、文学批评和欧洲哲学领域举足轻重,然而本书摘录的文章,就像他在其他领域的作品一样,是一个异类。其他两位作家的作品都条理分明,全始全终,结构清晰。然而,罗兰·巴特眼中的中国并不是一个一目了然、简单易懂的国家。1974年4—5月,他参加代表团赴华,同行的还有茱莉亚·克里斯蒂娃、菲利普·索莱尔斯和《原样》杂志主编马塞林·普莱内①。尽管美国前总统理查德·尼克松1972年刚刚造访过中国,但这里与世界的互动与往来尚不频繁。中国正处于"文化大革命"的最后阵痛中。

　　巴特作品的迷人之处在于其写作模式和内容。对于一个在中国进行过官方考察的人来说,他的作品貌似文风随意,其中大部分内容像流水账且自带疏离感,但偶尔生动有趣的调侃流露出一些更人

---

① 马塞林·普莱内(Marcelin Pleynet, 1933—),法国诗人、艺术批评家和散文家。——译者注

性化、更有趣、更迷人和更亲切的东西。本节摘录很好地说明了这一点——当时正值如火如荼的"批林批孔"运动——把孔圣人描述为中国的封建糟粕。事实上,"封建"一词是欧洲思想的舶来品,且跟中国历史发展的框架并不完全相契。

巴特在欧洲毛泽东思想的狂热崇拜者中处于边缘地位。他本人在1970年出版的《符号帝国》(*Empire of Signs*)一书中对日本文化及其符号学深表赞赏。而在本节摘录中,当探讨中国人对马克思主义的独特理解时,巴特明确地表达了困惑和不理解。

他本人认为,中国之行是一次平淡无奇的经历——正如他在上海逗留期间所指出的那样,上海的某些地方有一种美学上的吸引力和神秘感,同行的女翻译和交谈的女性也有着魅力。然而,总体而言,即便中国以未加掩饰的本来面貌呈现在罗兰·巴特面前,他也难以像英国经济学家、中国同情者琼·罗宾逊[①]或埃德加·斯诺等访华者发现的那般对中国的革命历程极为肯定。

[①] 琼·罗宾逊(Joan Robinson),英国著名女经济学家,新剑桥学派的代表人物,在1953—1975年间曾七次到访中国,向西方世界发表了正面介绍中国的言论。——译者注

第五部分　寻求变革：毛泽东时代的中国

节选自《中国行日记》①

晚上 19:00
讨论

同翻译和作家一起，在我们这一层的小客厅里。

旅行社头头的讲话（矮胖子，戴着眼镜）。介绍作家。"我们大家促膝聊一聊，都放松一些，想到哪里就说到哪里。"

我们的回答如下（索莱尔斯代言）：

1) a) 关于法国的"哲学"杂志：
——《现代》(*Temps Modernes*)，萨特主办（不大为人所知）。
——《批评》(*Critique*)，折中派杂志（批评≠批判，批判：痛斥）。
——《新批评》(*Nouvelle Critique*)，印数较大。《思想》(*La Pensée*)，已经扩大了它的影响。我们认为，理论斗争主要是反对这份杂志。
——周报：《世界报》(*Le Monde*)，左派的联合报。

---

① Extract from *Carnets du Voyage en Chine*, Roland Barthes © Christian Bourgois éditeur/IMEC, 2009. 节选部分参考［法］罗兰·巴尔特著，怀宇译《中国行日记》(*Travels in China*，北京：中国人民大学出版社，2011年) 中文译本：第74—92页"4月17日，星期三，上海"。
——译者注

——《半月刊》(*La Quinzaine*)，反华杂志。

［他们非常热心、热情、认真，他们之间不停地争论着。］

重新回到《现代》杂志：提供了一些准确情况。

b）所涉猎的主要话题：

a、言语活动。

b、政府机构。政权（监狱，避难权，妇女，家庭，资产阶级道德，年轻人）。政权的危机。教育。

c、人文科学。精神分析学，社会学，人类学。

d、马克思主义内部的争论。

2）关于哲学理论领域的研究对象？

90%被资产阶级唯心主义所占领。人文经验主义。技术官僚主义。唯科学主义。阿尔都塞。他的两个阶段。他的学生们都脱离共产党了吗？

3）苏联的直接影响：非常弱。

共产党的影响：非常大。

［关于索莱尔斯：他对修正主义所作的大量的、不停的批判，是足够辩证的吗？］［也许，中国对修正主义的批判更为灵活、更为辩证。］

［真怪：这张铺着白色台布的椭圆形桌子，我们就坐在周围，而中国人类型很多，有的戴着眼镜，有的戴着安全帽，有的穿着制服上衣，他们都一边听索莱尔斯介绍，一边作着记录。］

［这一点正是索莱尔斯的长处：形象丰富，言辞肯定，注视观众，等等。］

第五部分　寻求变革：毛泽东时代的中国

　　索莱尔斯：共产党向小资产阶级知识分子建议的协定：我们在群众（下层建筑）中维持秩序，我们把上层建筑给你们。

　　［索莱尔斯完全默认对立的左派。这一切都是相当个人中心主义的：整个报界，都是根据其使《原样》承受的禁令来被看待的。］

　　［比如普莱内举出蓬热事件作为法西斯主义的例证！］

　　4）马克思列宁主义与修正主义之间的争论。
争论不太明朗。

　　5）《原样》杂志的工作。
无建立一个政党的打算。

　　6）色伊。小资产阶级。极大的自由主义。可能的飞地。

　　7）法国如何看待林彪和孔夫子呢？直到现在，很混乱，都不理解。我们回去后的任务之一，就是让人知道和向其解释清楚。

　　［你们在这次旅行中做了些什么？——我们努力工作了！］

　　［那位作家一晚上都没说话，这时，在他的鼓动下，有人给了我们《上海杂志》的电话。］

　　讨论：我们还继续吗？当然继续，我们把明天的内容也提前谈及了。

作家发言了，他谈到了孔夫子和唯物主义学派（这是明天的第一个问题）以及中庸和极右派问题。

而中庸，或多或少是一种调和，是一种折中主义。
讨论会在 22 点 50 分结束！

4月18日，星期四
上海

天气一直晴朗，就像是在夏天——但是有一丝云彩。

楼层里，满是穿着白色衣服的年轻服务员。他们无所事事，只是看电视、闲聊。这非常像曼谷的情景。

行李。

独自一人转了一圈。海滩的步行街上，到处是人（任何时刻都是这样；港口很美，一望无际，像是在荷兰，一艘货轮正在离开，处处帆影，等等）。阳光下的雾气。

［我们在上海的三位翻译中，最为亲切、最为温情的是：张容庆（音译）。］

和上海的几位哲学教师座谈

上午 9 点。旅馆的小会客厅。回答我们昨天提交的问题。五个人都很年轻，其中一位是女性。

都是复旦大学的教师。

1. 楚天阳：政治科学

2. 金……？：哲学

3. 一位女士？：哲学

4. 方苏泽：历史

5. 英皮山：汉语。

1）在孔夫子问题上的对立。两种对立学说：法家／儒家。历史学家为人所知的关键词说明了问题：孔夫子：奴隶主义 ≠ 法家：上升的地主阶级。

［有人拿来了我们定做的上衣。我兴致勃勃地离开了。试衣服。返回。人们在谈论人世。］

［在我们提前向他们提出问题的情况下，他们到头来会讲上一堂课。］

［最初，当代表团进来时，那是对身体的"第一次"发现，难道这其中就没有什么东西属于某种萨德式的伙伴关系吗？这个人使我高兴，那个人却不能，等等。］

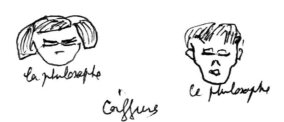

讲课内容很明确，从历史上引经据典。马克思主义的历史课。

［今天上午，为了作记录，我始终一动不动。］

［我们是在旅馆的"延伸"之处，这里有一个房间，两个

客厅，可以看到港口。在其他时间里，这真是居住的天堂——下面的码头上有挖泥船……]

10点07分。关于法家的历史课还在继续。

[可以很好地分析茶的系统：耗时很长，桌子，台布，杯子放在柳条编的托盘中，大热水壶。时不时地向杯子里倒热水。有点儿乏味。但是，先是在桌子上，随后是在行为之中，有一种仪式、一种表演在把言语变为一种间接活动。]

[好像这种历史是曲线的：在当前（假设的）的危机中，这种历史借助于其人物、场景、力量、斗争、甚至情节，是象征性的、更高级的、超验的外在形象：为恢复过去而斗争。]

2）关于教育。
哲学？文学？
——哲学课：传统的辩证唯物主义。中国哲学史和欧洲哲学史。批判当代资产阶级学派。政治经济学。工人运动史。逻辑学。外语。

逻辑学？——不教逻辑史。讲授形式（公式）逻辑。

语言学？——汉语课。古代汉语和现代汉语，写作规则：是"好好地写"吗？——是的。"好好地写"的标准是什么呢？——从前，教母语，但脱离群众。"文化大革命"以来，进行改革：把所教母语与大学生的社会调查结合起来→总结，调查报告。我们让大学生参与文字的改革。当前，是简化汉字，学习拼音。

知识分子说话与大众说话不同。因此，毛主席建议知识分子使用大众的生动语言。

毛主席关于党内八股文的文章。知识分子常常使用书面语言来表达，由此产生了距离。应该从思维方式上来缩短这种距离。

普通理论语言学呢？

[在外面，天气灰蒙蒙的。]

[小个子语言学家胖乎乎的，或者说，他是圆乎乎的，说话很温和。]

——语言学：(1) 学习群众的生动语言；(2) 学习古典语言，吸收其好的和有生命的成分；(3) 学习外语中好的成分，创造可用的词句。这几点需要研究。在知识分子与大众之间，词语与语法没有太大区别。但是，知识分子应该学习的，是借助语言来分享大众的感情。通常，知识分子的语言枯燥乏味、空洞，因此，要借助语言来学习感情。

3）最后是那位一直没有说话的人：他谈到了政治科学、中国革命史课程等。这是所有专业都开设的课程。他讲授的是：共产党领导下的中国革命史。

每种课型：都是很专业的。——是权威课程吗？不是，现在进行批评讨论。——检测每个人的知识吗？是某种连续的检查（？）。如果大学生有错误，老师应该与其讨论，并给予学生以帮助。考试：并非全部排除考试，形式多样，这要看是什么课型。外语与数学，要考试。开卷考试。对于某些课程，要计分（闭卷考试）。

新考点：社会研究→构成概述，一篇文章。

强调分析和解决具体问题的能力。

12 点 30 分结束。

我想到：有人向我们解释说看图书馆、实验室"没意思"，说"不是为此才来中国的"，其实就是不想让我们了解大学！

［中国服装的特征——而且根据中国人的身体：上衣短，裤子也短。］

第五部分 寻求变革：毛泽东时代的中国

在改革开放前，少数得以进入中国的外国人看到了一种非典型的局面。从历史上看，至少在现代，中国变得更容易进入。中国从未自视为意识形态上的竞争对手，也从未试图将其革命性变革的理念和第三世界秩序的思想推向更广阔的世界。从20世纪70年代末开始，进入中国变得容易得多，出国的中国人也多了起来。中国的全球化时代——假如我们如此称呼，已突破了本书编纂的时间框架。然而，贯穿本书的一些关键主题——欧洲人倾向于理想化、妖魔化或试图客观地看待中国，以及尝试寻找某种一劳永逸的方法来调整自身的普遍主义价值观和概念框架来理解这样一个迥然不同的国家——并未消失也不会消失。在21世纪，欧洲国家和美国以及其他国家对中国的看法越发在这些不同立场之间摇摆不定。那些认为中国至少为本国提供了某种积极的替代方案的人，与那些认为中国对世界其他国家构成根本威胁的人之间针锋相对。解决这种对立的方法之一是退而思之，关注中国在过去几百年里的变化历程，关注应该如何从非中国的角度和方式来解构和拥抱它。本书节选的文章提供了一些实现这一目标的方法。相信在未来，更多新的方法会如雨后春笋般涌现出来，但只有以史为鉴，这些方法才能经受住考验并发挥应有的作用。

致　　谢

　　译完本书，颇有感悟。

　　我们感佩于凯瑞·布朗教授那别具一格的视角，将八百年间十六位在西方影响力巨大的代表性人物的中国观点辑录于一书。以往，这些人物的著述都是单行本，其思想像一颗颗散布的"珍珠"。布郎教授也许是第一位将这些"珍珠"捡起来并串成一条脉络的人——一条西方人沿着历史时间轴线逐步了解和认知中国的脉络。透过这些人物的文字和布朗教授的解读，我们也了悟了今日中欧交往中西方人对华态度的历史渊源。

　　我们敬佩作者编撰此书的初心："……探究如何更准确、公正地看待中国并消除对这个国家的疑虑和不安。……将不同态度和风格的重要思想家的观点汇聚一处，集百家之言，或许可以为妄下定论的痼疾提供一种解药。"这份初心背后是当今西方世界存在着的一种奇特现象：相当一部分人并不了解中国，却对自己"想象中的中国"投下好恶的论断，即持着非理性的态度。这是一个矛盾现象，因为西方向来倡导用理性来理解和改善这个世界，这是西方文明对世界宝贵的馈赠之一，也是从苏格拉底到维特根斯坦等伟大哲学家所倡导的智慧。

　　在国际政治周期步入新旧交叠的百年变局期间，诸多不稳定因素爆发，更需要呼唤理性精神的回归，以维护世界的稳定而不是任由其滑向对抗和乱局的深渊。我们衷心希望本书不仅可以启发当代西方人更加理性地去认知中国和中华文明，还能更加理性地去认识其他东方国家和正在崛起并改变全球力量平衡格局的南方国家的历史、文化与文明。

我们期待本书会给全世界的读者带来启迪。借由呼唤理性精神的回归，本书可促进东西方之间和南北之间的平等相视与尊重理解。正如"修昔底德陷阱"亦有避免之道，"文明的冲突"也不必被打上宿命论的悲观标签，只要不同的文明之间致力于增进交流和互信。

感谢北京东宇全球化智库基金会的大力支持，使得本书顺利引进和展开翻译工作。在翻译过程中，为了确保每篇节选内容的风格特色，我们参考采用了名家经典译文版本，具体引用书目见"翻译说明"部分。我们对相关出版社和译者表示衷心的感谢。在此也感谢全球化智库（CCG）出版中心的同事任月园、白云峰，她们统筹了本书的引进和翻译工作。借此机会，我们还要感谢中译出版社社长兼总编辑乔卫兵、编辑部主任郭宇佳以及邓薇等编辑老师，谢谢中译社团队以优秀的出版品质将中文版本呈现在读者面前。

鉴于本书内容覆盖时间跨度较久远，历史和文化知识点众多，书中难免出现纰漏，我们欢迎社会各界批评指正，以期在再版中加以修订改进。

王辉耀博士、苗绿博士
2023 年 6 月于北京

翻译说明

本书节选部分参考采用了以下图书的中文译文,因涉及书目众多,难以一一联系到版权所有者,敬请权利人积极联系全球化智库(CCG)【010—65611038 转出版中心】,我方将参照出版行业相关规定或标准支付权利人翻译费。

1. [法]沙海昂(Antoine Henry Joseph Charignon)著,冯承钧译《马可波罗行记》,上海:上海古籍出版社,2014 年 3 月第 1 版(2020 年 12 月重印)。

2. [意]利玛窦著,蓝克实(Douglas Lancashire)、胡国桢(Peter Hu Kuo-chen)译《天主实义》,中国台北:利氏学社,1985 年。

3. 秦家懿编译《德国哲学家论中国》,三联书店,1993 年 9 月第 1 版。

4. [法]伏尔泰著,王燕生译《哲学词典》,北京:商务印书馆,1991 年 9 月第 1 版(2020 年 8 月重印)。

5. [法]孟德斯鸠著,许明龙编译《孟德斯鸠论中国》,北京:商务印书馆,2016 年 12 月第 1 版。(刘译部分)

6. [英]约翰·巴罗著,李国庆、欧阳少春译《我看乾隆盛世》,北京:北京图书馆出版社,2007 年 7 月。

7. [德]黑格尔著,王造时译《历史哲学》,上海:上海书店出版社,2006 年 3 月(2021 年 3 月重印)。

8. ［德］马克思、恩格斯著，中共中央马克思恩格斯列宁斯大林著作编译局编译《马克思恩格斯论中国》，北京：人民出版社，2018年3月。

9. ［法］古伯察著，耿昇译《鞑靼西藏旅行记》，北京：中国藏学出版社，2012年2月第2版。

10. ［德］马克思·韦伯著，康乐、简惠美译《中国的宗教：儒教与道教》，上海：上海三联书店，2020年12月第1版。

11. ［法］伯特兰·罗素著，田瑞雪译《中国问题》，北京：中国画报出版社，2019年9月第1版（2020年11月重印）。

12. ［法］西蒙娜·德·波伏娃著，胡小跃译《长征：中国纪行》，北京：作家出版社，2012年9月第1版。

13. ［法］朱丽娅·克里斯蒂娃著，赵靓译《中国妇女》，上海：同济大学出版社，2010年3月。

14. ［法］罗兰·巴尔特著，怀宇译《中国行日记》，北京：中国人民大学出版社，2011年11月。

除了参考采用已出版中文译本，本书其余部分由兰州理工大学外国语学院讲师刘松林翻译：引言，《珀切斯的朝圣之旅》节选，莱布尼茨《论尊孔民俗》节选，卡尔·古斯塔夫·荣格所作卫礼贤版《易经》序言，孟德斯鸠《论法的精神》部分节选，以及全书各部分导语、结语，各摘录章节的导语、结语。

全书译稿由CCG出版中心任月园审定，白云峰担任编辑助理。

全球化智库（CCG）

2023年6月

本书的版权引进和翻译得到了北京东宇全球化智库基金会的支持,特此致谢!